Felix R. Paturi

Indianische
Heilpflanzen

Felix R. Paturi

Indianische Heilpflanzen

Mit heimischen und exotischen Pflanzen nach der
indianischen Heiltradition Krankheiten vorbeugen und behandeln

G. Reichel Verlag

Inhalt

*Schon die
Maya wendeten
Tee aus den Blüten-
blättern der Sonnenblume
wirkungsvoll gegen hohes Fieber an.*

*Kürbisse und Mais
haben einen hohen Stellenwert
unter den indianischen Heilpflanzen.*

Sowohl Samen wie Blätter des Stechapfels (Datura) waren schon den Indianern als Entkrampfungsmittel bekannt.

96 Große indianische Heilpflanzen

Als Teil der Natur und damit ihrer selbst bringen die Indianer ihren heilkräftigen Pflanzen großen Respekt entgegen.

Eine Tinktur aus den Blättern der Nachtkerze hilft gegen Bronchialasthma.

112 Anwendungen von A bis Z

Die Indikationen für die unterschiedlichen Heilpflanzen sind den Indianern ebenso vertraut wie der umsichtige Umgang mit den oft giftigen Pflanzen.

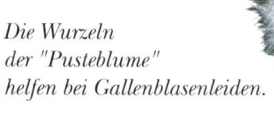

Die Wurzeln der "Pusteblume" helfen bei Gallenblasenleiden.

*Frische rohe oder getrocknete
Erdnüsse sind ein
hervorragendes Blutreinigungsmittel.*

*Herzasthma behandeln
Medizinmänner
mit Bitterstoffen
der Rosskastanie.*

Harmonie des Ganzen

Wenn von Heilpflanzen die Rede ist, denkt der durchschnittliche Europäer sofort an die Pflanzenheilkunde, an die Phytotherapie also. Die mag zwar sehr unterschiedliche Gesichter haben – reicht sie doch vom Kräuterteegemisch aus Großmutters Hausrezeptesammlung und vom bitteren alpenländischen Verdauungsschnapserl bis hin zur standardisierten Wirkstoffauszugsdroge der modernen pharmazeutischen Industrie. Dahinter steckt jedoch immer der gleiche Grundgedanke: Bestimmte Pflanzen enthalten bestimmte organisch-chemische Substanzen, die auf irgendeine Weise krankheits- oder organspezifisch wirken, wenn der Mensch sie seinem Körper zuführt. Diese »aufgeklärte« naturwissenschaftliche Betrachtungsweise teilen die meisten Naturvölker nicht.

Ironie der Medizingeschichte: Im 16. Jahrhundert trug ausgerechnet die Begegnung spanischer Eroberer der Neuen Welt mit indianischen Medizinmännern und ihrem riesigen Heilpflanzenschatz maßgeblich zur Entwicklung der Haltung bei, die Europäer heute gegenüber der Pflanzenheilkunde einnehmen.

Heilung des lebendigen Ganzen

Der europäische Geist ist analytischer Natur. Er seziert und untersucht dann – zwangsläufig – Leichen, denn was man erst einmal in Einzelteile zerstückelt hat, ist kein lebendiges Ganzes mehr.

Die Naturkenner der Stammesvölker kümmern sich nicht um derartige einzelne Scherben, sie schenken ihr Augenmerk dem heilen Ganzen, also dem Leben mit all seinen komplexen Erscheinungsformen und Zusammenhängen. So repariert denn der europäische Arzt Schäden und Defekte, der Medizinmann hingegen bringt außer Tritt geratene Harmonien wieder ins Gleichgewicht. Das trifft auf den heilenden Indio ebenso zu wie etwa auf die Medizinmänner Schwarzafrikas, die Kräuterkundigen Zentralasiens oder die Ärzte der traditionellen chinesischen Medizin.

So weiß denn auch der durchschnittliche europäische Arzt nach abgeschlossener Ausbildung in der Regel weit mehr über zahlreiche einzelne Krankheiten als über die integrale Funktion des gesunden Gesamtorganismus. Kein Wunder, dass nicht zuletzt vor diesem Hintergrund in Europa und überall dort, wo heute die europäische Kultur ihren Einzug genommen hat, ein äußerst gestörtes Verhältnis des Menschen zur Natur herrscht. Steht er schon aus traditioneller christlicher Sicht selbst außerhalb dieser – denn er gibt vor, Gott habe ihm befohlen, sich die Natur untertan zu machen –, so trägt die moderne Naturwissenschaft das ihre zu diesem absurden Weltbild bei, indem sie alles, was sie nicht messen und begreifen kann, als »übernatürlich« und damit als Humbug abtut.

Diese Denkweise gipfelt in dem Unwort »Umwelt«, das der Europäer arrogant benutzt, um die gesamte Schöpfung außer sich selbst und seiner Technik zu bezeichnen. »Welt« wäre ein treffenderer Ausdruck, doch der würde den zivilisierten Menschen peinlicherweise zwingen, sich selbst wieder als einen integralen Teil des Ganzen zu betrachten und sich nicht elitär darüber zu stellen.

Der Mensch in Harmonie mit sich und der Welt

Dieses gravierenden Unterschieds zwischen der europäischen Weltauffassung und dem Weltbild der Stammesvölker muss sich bewusst sein, wer sich mit indianischer Heilkunde befassen will. Sie ist nicht *mehr* als die schulmedizinische Phytotherapie, sie ist etwas ganz *anderes*, denn sie hat andere Ziele: Sie will keine lokalen Schäden beheben, sie strebt die Harmonie des Ganzen an. Indianische Heiler stellen auch nicht die Harmonie einer kranken Leber wieder her, sondern die des gesamten Organismus; und nicht nur diese, sondern die Harmonie des gesamten Lebewesens. Dazu gehört nicht allein der Körper, dazu gehören auch Geist und Seele.

Doch auch damit nicht genug. Ein einzelner Mensch kann in sich alleine nicht harmonisch und deshalb gesund leben, wenn er nicht auch in Harmonie mit seinen Mitmenschen und in Harmonie mit der Natur lebt.

Wer also glaubt, in diesem Buch Rezepturen vorzufinden, die ihm sagen, mit welchen indianischen Heilpflanzen er welche Wehwehchen kurieren kann, ohne weiter darüber nachdenken zu müssen, warum sein Körper überhaupt in Disharmonie geraten ist und ohne daraus Konsequenzen für seinen künftigen Alltag zu ziehen, der mag dieses Werk aus der Hand legen und weiterhin vom Arzt verordnete Pillen schlucken. Auch sie werden seine Leiden lindern und manche Krankheit heilen; die Frage ist nur, mit welchen Nebenwirkungen und für wie lange. Denn die kranke Seele heilen sie nicht.

Felix R. Paturi

Neben den Spaniern übernahmen auch andere europäische Eroberer indianische Heilpflanzenkenntnisse in ihren Wissensschatz.

9

Die Lebens-philosophie der Indianer

Das Wort »Indianer« birgt etwas Primitives, Atavistisches. Doch schon in unserer Kindheit – beim Indianerspielen – ging gleichzeitig eine starke Faszination davon aus, die Anziehungskraft einer weit verbreiteten und hochkomplexen Kultur. Ob in Süd-, Nord- und Mittelamerika, in Grönland oder Asien – überall sind die Zeugnisse der indianischen Kulturkreise zu finden. Millionen interessierter Europäer besuchen jedes Jahr in Mexiko die Kultstätten der Maya und Azteken. Durch die Tempel der Maya, die Jagdtechniken der nordamerikanischen Indianer und die Mythen der Indios ist die Lebensphilosophie aller indianischen Kulturen auch für uns von Bedeutung. Der Weiße Mann kann lernen – und muss es auch, will er sein Überleben auch in weiterer Zukunft sichern.

Wissenschaft und indianisches Denken

Der Erkenntnisweg der Wissenschaft

Kurz vor seinem Tod erklärte der große Naturwissenschaftler Sir Isaac Newton (1643–1727): »Ich weiß nicht, als was ich der Nachwelt erscheinen mag, doch mir scheine ich nur wie ein Knabe gewesen zu sein, der an der Küste spielt und hin und wieder einen glatteren Kiesel oder eine schönere Muschel als gewöhnlich findet, während doch der große Ozean der Wahrheit gänzlich unentdeckt vor mir lag.«

Und als sich 1958 Wolfgang Pauli, einer der bedeutendsten und genialsten Physiker des 20. Jahrhunderts, anschickte, diese Welt zu verlassen, vertraute er seinem wissenschaftlichen Lieblingsassistenten sinngemäß an, er habe jetzt kognitiv eine Gesamtschau der kosmischen Realität erfahren, doch diese sei derart erhaben und beeindruckend, dass sie das Verständnis der Naturwissenschaftler unserer Tage bei weitem überfordere. Er wolle diese Erkenntnis mit ins Grab nehmen, denn er beabsichtige, als renommierter Wissenschaftler zu sterben und nicht als Phantast und Spinner abgetan zu werden. Es muss also wohl noch andere Erkenntniswege geben als jenen lebenslänglicher brillanter wissenschaftlicher Forschung, und vielleicht sind diese Wege sogar die zuverlässigeren.

Selbst geniale Naturwissenschaftler müssen sich am Ende ihres Lebens oft die Existenz höherer Erkenntnismöglichkeiten eingestehen.

Ironie des Schicksals

Selbst die von Newton bescheiden als »glattere Kiesel« und »schönere Muscheln« apostrophierten Erkenntnisse erwiesen sich zwei Jahrhunderte später als gar nicht so ungewöhnlich glatt und schön, als Albert Einstein, Max Planck und andere mit neuen Einsichten die bis dahin als Fundament der Naturwissenschaft betrachtete Newtonsche Physik zum Einsturz brachten.

Natürlich protestierten zunächst Hunderte von Wissenschaftlern gegen die Einsteinsche Revolution namens Relativitätstheorie, denn sie forderte Umdenken und das Aufgeben scheinbar sicherer Positionen. Nicht anders verhielt sich später Albert Einstein selbst, als er auf Werner Heisenbergs Entdeckung der Un-

11

determiniertheit subatomarer Teilchen, der er wissenschaftlich nicht widersprechen konnte, 1927 rein emotional mit den Worten reagierte: »Gott würfelt nicht«.

Später forderte dann der bedeutende Quantenphysiker Niels Bohr rigoros eine »endgültige Ablehnung der Idee der Kausalität« und »eine radikale Revision unserer Haltung gegenüber dem Problem der physikalischen Realität«. Heute, wenige Jahrzehnte später, ist er mit dieser Forderung nicht mehr allein, nachdem es 1992 dem Kölner Experimentalphysiker Günter Nimtz unwiderlegbar gelang, Informationen (darunter ein Musikstück) mit mehrfacher Lichtgeschwindigkeit zu übertragen.

Damit wurde nicht nur eines der bisher als ehern angesehenen Postulate der modernen Physik gestürzt, dass es nämlich grundsätzlich keine höhere Geschwindigkeit als die des Lichts im Vakuum gibt. Zugleich erhielt auch Niels Bohrs theoretisch hergeleitete Forderung nach der Abkehr von jeglicher Kausallogik ein praktisch nachprüfbares Fundament: Bei der inzwischen nachgewiesenen Möglichkeit unendlich schneller Informationsübertragung fallen für den äußeren Beobachter Ursache und Wirkung zeitlich zusammen und können miteinander sogar vertauscht erscheinen.

Die Einsichten, zu denen der Mensch aufgrund rein naturwissenschaftlicher Erkenntnisse gelangen kann, sind begrenzt.

Die Grenzen der Wissenschaft

Genau an diesem Punkt stößt die wissenschaftliche Erkenntnismethodik an eine prinzipielle Grenze. Das betrifft keineswegs nur die Physik, die diese Grenze lediglich entdeckte, das betrifft ebenso gut alle anderen Naturwissenschaften einschließlich der Biologie und der Medizin.

Das bedeutet aber keineswegs, dass es nicht Erkenntniswege gäbe, die in der Lage sind, diese Grenze zu überschreiten, und zwar genau deshalb, weil sie nicht an die Prämisse der Kausallogik gebunden sind, die jeder naturwissenschaftlichen Methodik zugrunde liegt.

»Das Wesen der wissenschaftlichen Methode ist solcher Art«, sagte der Physiker Adolph Baker 1970, »dass man seine Wünsche und Hoffnungen unterdrücken muss, hin und wieder sogar seine Intuition.« Aber darf man Intuitionen nicht trauen? Gewiss nicht, wenn man dieses Erkenntnisinstrument nicht beherrscht, weil man es zwei Jahrtausende lang – genau genommen seit der Entwicklung wissenschaftlicher Kausallogik im alten Griechenland – sorgfältig unterdrückt hat. »Der Student

Nach indianischer Lebensauffassung sind Mensch und Natur untrennbar miteinander verbunden. Licht, Luft, Tiere und Pflanzen geben dem Menschen, was er zum Leben braucht – und halten Körper, Geist und Seele im Gleichgewicht.

der Physik findet seine Intuition so wiederholt verletzt, dass er dies schließlich als eine Routineerfahrung akzeptiert«, kommentiert das Adolph Baker.

Und er fährt an anderer Stelle fort: »Es ist üblich geworden, die Schuld an unseren gesellschaftlichen Problemen den technischen Entwicklungen zu geben, die aus der wissenschaftlichen Revolution entstanden sind, doch der wahre Schurkenakt der Wissenschaft war die Vernichtung der Mythen. Schließlich gibt es diesmal keine neuen Mythen mehr, um die alten zu ersetzen. Der Mensch hat jüngst entdeckt, dass das Universum nicht jene wundervoll strukturierte Maschine ist, in welcher sein Vater und sein Großvater zu leben glaubten, und er taumelt noch immer unter diesem Schicksalsschlag.«

Zerstörung alter Mythen

Nur allzu oft erwiesen sich die zum Mythos erhobenen Gesetze der Wissenschaft als falsch. Doch war das insofern belanglos, als sie sich im Zug ihrer Korrektur flugs durch neue Mythen ersetzen ließen.

Seit kurzem gelingt dies nun aber nicht mehr. Das Heer der Naturwissenschaftler unserer Zeit will das zwar noch immer nicht wahrhaben, denn es bedroht ihre Existenz; doch die internationale Forschungselite formuliert es sehr direkt. Als alleiniges Hilfsmittel der Erkenntnis hat die Kausallogik ihre Grenzen erreicht, wenn sie nicht sogar ausgedient hat. Andere Erkenntniswege kennt der Naturwissenschaftler aber nicht. Dennoch: Es

»Über Jahrhunderte hat die Naturwissenschaft die alten Mythen der Naturvölker systematisch durch neue Mythen ersetzt, nämlich durch ihre eigenen ›ehernen Gesetze‹.« (Adolph Baker)

gibt sie. Und erstaunlicherweise sind sie sogar zuverlässiger als die Wege naturwissenschaftlicher Erkenntnis. Physik, Chemie, Astronomie, Biologie, Medizin und alle anderen Wissenschaften haben sich zu einem beachtlichen Gebäude entwickelt. Der Weg dahin führte durch Tausende von Irrungen und Wirrungen, und offenbar versteht und akzeptiert der Europäer dieses Vorgehen als einzig mögliches.

So sagte der zweifellos sehr vielseitige Dichterfürst und Philosoph Goethe, der als Neuplatoniker stark vom dualistischen Denken beeinflusst war, in seinem Faust: »Es irrt der Mensch, solang er strebt.«

Lebenslanges Suchen: Die rein materielle Erkenntnissuche basiert vorwiegend auf dem Prinzip des »trial and error«. Spirituelle Erkenntnisse erweisen sich dagegen oft als von zeitloser Gültigkeit.

Der Erkenntnisweg der Schamanen

Nun lässt sich aber belegen, dass außereuropäische Ethnien über Erkenntniswege verfügen, deren Aussagen niemals irgendwelche grundlegenden Korrekturen erforderlich machten und die sich als zeitlos richtig erwiesen. Die Lehren der alten asiatischen Weisen gehören ebenso dazu wie etwa die Einsichten der Indianer beider amerikanischer Subkontinente. Das betrifft Aussagen über so komplexe Systeme wie das Leben und die Schöpfung als Ganzes, erweist sich aber auch in Detailerkenntnissen als korrekt.

Dies wird allein durch die Tatsache belegt, dass Naturvölker, die nicht den Versuch unternehmen, sich zu einer von materiellem Denken dominierten Hochkultur zu entwickeln, in der Lage sind, jahrtausendelang in voller Harmonie mit ihrem natürlichen Lebensraum zu überdauern, während bisher alle rein intellektuell errichteten Hochkulturen nur mehr oder weniger kurze Gastspiele in der Geschichte gaben.

Zudem vermögen es Naturvölker auch, souverän mit so komplexen Strukturen wie Ökosystemen oder Sozialgefügen umzugehen, die selbst die kompliziertesten EDV-Programme der modernen europäischen Wissenschaft nicht hinreichend analysieren können, um somit ihr vielfältig vernetztes Zusammenspiel zu verstehen.

Es lassen sich noch weitere Detailbeispiele anführen, die untermauern, dass etwa die spirituellen Erkenntnissysteme der Indianer in vielen Punkten den europäischen Wissenschaftlern voraus sind. Nach der Entdeckung der Askorbinsäure (Vitamin C)

14

und der chemischen Enträtselung ihrer Molekularstruktur behaupteten indianische Mediziner, natürliche organische Substanzen besäßen auch dann eine weit größere und zugleich andersartige Heilkraft, wenn sie chemisch absolut gleich aufgebaut wären wie synthetische.

Amerikanische Ärzte europäischer Prägung hielten das für Aberglauben, bis schließlich am 6. Mai 1972 der Biochemiker Justa Smith im Rahmen einer Expertentagung an der University of California vortrug, er habe mit gaschromatografischen Untersuchungen nachgewiesen, dass es sehr wohl gravierende Unterschiede zwischen dem Vitamin C aus Pflanzen und jenem aus der Retorte gibt.

Die »lebende« Askorbinsäure zeigte sich im Chromatografen wie eine »von stark vibrierenden Strahlenkränzen umgebene plastische Orange«; die synthetische Askorbinsäure dagegen zeigte sich als »flache, farblose, zweidimensionale konzentrische Kreisstruktur ohne Kraftlinien« – sie glich einer toten geometrischen Zeichnung!

Indianische Heiler und die Homöopathie

Noch heute lehnt die Schulmedizin homöopathische Heilverfahren rigoros ab. Ihr wichtigstes Argument: »In den verabreichten Arzneien befinden sich keinerlei pharmazeutisch wirksame Substanzen.« Chemisch gesehen ist das durchaus korrekt. Eine homöopathische D 200-Potenz stellt eine weitaus stärkere »Verdünnung« dar, als wollte man ein einziges Zuckermolekül mit der gesamten Materie des Universums vermischen.

Dennoch haben Doppelblindversuche – auch an Universitäten – immer wieder die Wirksamkeit dieser homöopathischen Präparate bewiesen. Indianische Heiler, die man nach einer Begründung für dieses Phänomen befragte, sagten, der Weiße Mann, der rein materiell denke, könne das nicht verstehen. Die Ursache für die Wirkung dieser Medikamente liege in so genannten Energiemustern.

Diese Energiemuster »sähen aus« wie Planetensysteme, bei denen Himmelskörper, die um ein zentrales Gestirn kreisen, in einer Art veränderter Schwingung aus ihrer Bahn geraten seien. Genau Gleiches entdeckten viele Jahre später kanadische Quantenphysiker. Sie untersuchten hoch potenzierte homöopathische Substanzen und stellten dabei ähnliche Strukturen fest wie die von den indianischen Heilern beschriebenen.

Die chemische Struktur kann trügen: Der molekulare Aufbau allein bestimmt nicht immer die Wirksamkeit einer Substanz. Das Heilvermögen eines Mittels speist sich auch aus Strukturen, die sich dem europäischen Wissenschaftler auf den ersten Blick entziehen.

Der Pulsschlag der Erde

Doch nicht nur in der Heilkunde machten Indianer zuverlässige Aussagen, die die Naturwissenschaft erst weitaus später bestätigen konnte. So sprachen sie schon von einer dynamischen Erde mit einem ruhelosen, ja turbulenten Inneren und darauf bewegten Kontinenten, lange bevor die Geophysik unseres Jahrhunderts zum gleichen Resultat gelangte. So berichteten indianische Schamanen und auch die Schamanen vieler anderer Stammesvölker über einen »Pulsschlag von Mutter Erde« in einem Rhythmus, der dem ihrer Trommeln gleicht; doch erst in allerjüngster Vergangenheit entdeckten Seismologen mit hoch sensiblen Instrumenten, dass die Erde in der Tat als Ganzes in diesem Rhythmus »atmet«, sich also in raschem Wechsel minimal zusammenzieht und wieder ausdehnt.

Heinz Stammel, Autor des leider vergriffenen, exzellenten Kompendiums »Die Apotheke Manitous«, wies in diesem Werk sehr deutlich auf das Faktum indianischer Erkenntnisse hin: »Vergleicht man die überlieferten Aussagen indianischer Heilkundiger aus etwa drei Jahrhunderten, so fällt auf, dass sie alle bis in die jüngste Zeit exakt übereinstimmen.« Und mehr noch: Keine einzige davon lässt sich in irgendeiner Weise wissenschaftlich widerlegen. Viele aber sind wissenschaftlich auch heute noch generell unverstanden.«

Die Indianer betrachten die Erde als ihre Mutter. Sie verehren sie und preisen ihre Gaben – seien es Nahrung, Heilpflanzen, die Luft zum Atmen oder das Licht zum Sehen.

Der Weiße Mann kann lernen

Stammel fügt hinzu, dass uns der indianische Weg der Erkenntnis völlig unbekannt sei. Nun, genau das trifft aber nicht zu. Die Zeit ist vorbei, in der gnostische schamanische Naturerkenntnis allein von Ethnologen, Missionaren und anderen rein äußeren Beobachtern mit einer gewissen Befremdung oder gar mit kompletter Ablehnung lediglich als exotischer Aberglaube primitiver Wilder dokumentiert wurde.

Schon Zehntausende moderne US-Amerikaner und Europäer arbeiten seit rund zwei Jahrzehnten selbst schamanisch, und nicht wenige davon haben dabei in der Tat Erkenntniswege gefunden, die denen der Indianer gleichen.

Als ehemals energischer Verfechter eines rein naturwissenschaftlichen Weltbildes weiß ich, wovon ich rede, denn ich betrachte auch diese neoschamanische Arbeit durchaus kritisch und habe nicht wenig an ihren oft nur allzu gutgläubigen und naiven »Jüngern« auszusetzen. Sie haben es auch nicht gerade leicht, denn ihnen fehlt noch völlig das traditionelle Instrumentarium, über das die Indianer seit Jahrtausenden verfügen. So können sie auf diesem Gebiet oft Richtig von Falsch noch nicht unterscheiden. Damit ergeht es ihnen nicht viel anders als den Naturwissenschaftlern der Renaissance. Auch diese hatten neue Wege entdeckt, vermochten aber noch nicht, deren Ergebnisse kritisch zu beurteilen.

Schamanische Heilkunst im Versuchsverfahren

Immerhin ist es äußerst erstaunlich zu sehen, wie rasch selbst Europäer, die noch niemals Kontakt mit schamanischer Arbeit hatten, zu guten Erfolgen geführt werden können. Ich selbst habe 1998 ein Experiment mit zehn Personen unternommen, die alle erst kurz zuvor einige Grundlagen schamanischer Arbeit erlernt hatten. Aufgabe war es, in einem kleinen Wald- und Auwiesengebiet mit reichhaltiger Flora innerhalb von zwei Stunden pro Person zehn Pflanzen zu sammeln, wobei jeder Teilnehmer der Gruppe eigene Wege ging.

Mit schamanischen Methoden (Rasseln über den Pflanzen, Berühren mit den Händen im schamanischen Bewusstseinszustand, Reden mit den Pflanzen usw.) sollten die Versuchspersonen in Erfahrung bringen, ob die jeweilige Pflanze pharmazeutische Qualitäten besitzt und welcher Natur diese sind. Gefragt wurde auch nach möglichen giftigen Inhaltsstoffen. Nur eine Teilnehmerin besaß laienhafte botanische Grundkenntnisse und wusste auch einiges über die Anwendung verschiedener Heilkräuter; alle anderen waren kaum in der Lage, einen Löwenzahn von einem Huflattich zu unterscheiden oder den letzteren gar anhand seiner Blätter zu identifizieren. Phytotherapeutische Vorkenntnisse besaßen sie durchweg nicht.

Überraschende Ergebnisse

Umso überraschender war das Resultat. Ich ließ die in Erfahrung gebrachten Eigenschaften der Pflanzen zu Papier bringen, wobei manche Teilnehmer des Experiments pro Pflanze bis zu fünf mögliche therapeutische Indikationen notierten, andere eher große Wirkungsbereiche (Magen-Darm-Relevanz, Kreislauf tonisierende Eigenschaften usw.) dokumentierten. Danach bestimmten wir die gesammelten Pflanzenproben – soweit ich

Nach indianischer Auffassung kann Schamane werden, wer die Begabung vererbt bekommen hat oder sich spontan – etwa durch einen Traum – dazu berufen fühlt. Auch eine rein willensgesteuerte Entscheidung für das Erlernen des Schamanentums ist möglich.

17

sie nicht selbst kannte – mit botanischen Handbüchern und verglichen die notierten Indikationen mit der phytotherapeutischen Fachliteratur.

Die Dame mit einschlägigen Vorkenntnissen erwies sich dabei durch eben diese Kenntnisse als präjudiziert. Sie hatte im Wesentlichen nicht mehr protokolliert, als sie schon wusste. Drei der übrigen Teilnehmer verblüfften durch eine Trefferquote von sage und schreibe 100 Prozent, wobei sie auch Gefahren durch pflanzliche Gifte korrekt erkannten. Die übrigen Testpersonen lagen zu etwa 50 bis 70 Prozent richtig. Zwei davon machten allerdings relativ unpräzise Angaben, die sich schwer bewerten ließen.

Da wir heute auf indianisches Wissen zurückgreifen können, brauchen wir kein eigenes Heilpflanzenwissen aufzubauen. Nur sollten wir jene akademische Arroganz ablegen, die uns davon abhält, das auch wirklich zu tun.

Aufbau eines schamanischen Heilpflanzenwissens

Ich bin überzeugt, dass bei wiederholten Übungen dieser Art das Gros der Teilnehmer früher oder später das Interesse daran verlieren würde. Die durch ihre überragenden Ergebnisse Beflügelten könnten sich aber durchaus zu Experten auf dem Gebiet der schamanisch-gnostischen Bewertung von Heilpflanzen entwickeln. Hätten sie dann noch die Gelegenheit – was unsere Gesundheitsgesetzgebung verbietet – mit Patienten einschlägige Heilversuche zu unternehmen, dann ließe sich auf diese Weise binnen weniger Jahrzehnte ein beachtliches Heilpflanzenwissen aufbauen, das völlig ohne gigantische pharmazeutische Forschungslaboratorien und jahrelange klinische Tests auskäme und zugleich weitaus zuverlässiger wäre.

Im Gegensatz zum Schamanen ist der Medizinmann - hier im Amazonaswald - traditionell ein hervorragender Kenner von Heilpflanzen.

Die Lebenskraft Manitou

Das ganze Dilemma der naturwissenschaftlich arbeitenden Forscher beschreibt eindringlich der Oneida-Irokese Bruce Elijah: »Sie messen, was sie sehen. Sie wissen gleichzeitig aus Erfahrung, wie wenig sie zu sehen vermögen. Aber dennoch sind sie absolut fest davon überzeugt, dass es nur geben kann, was sie sehen, und das, was sie nicht sehen, nicht existiert. Sie wissen ganz genau bis aufs letzte Molekül, woraus eine Pflanze, ein Tier oder ein Mensch besteht. Aber legt all diese Substanzen mal nebeneinander. Was macht aus diesen Häufchen Chemie eine lebende Pflanze, ein lebendes Tier, einen lebenden Menschen? Sie können diese Lebenskraft, die wir *Manitou* nennen, nicht sehen, nicht messen. Und deshalb ignorieren sie sie. Kann man wirklich stupider sein?«

Bruce Elijah fährt fort: »Sie bewegen sich in einer Welt, die nur und allein durch diese Lebenskraft existiert. Sie selbst existieren durch sie bis ins letzte ihrer Haare hinein. Und sie *ignorieren* sie, weil sie zu blind sind, sie zu sehen, zu gefühllos, sie zu spüren, zu taub, sie zu hören. Und sie glauben, dass sie die klügsten und weisesten Exemplare des Homo sapiens sind! Die Stupidität dieser Wissenschaft ist grenzenloser als der gesamte kosmische Raum!«

Füreinander offen sein und voneinander lernen

Sicher ist diese Kritik nicht unbegründet. Die Geisteshaltung, alles zu ignorieren, was nicht rein analytisch-wissenschaftlich zu beweisen ist, hat gewiss großen Schaden angerichtet. Andererseits hat die moderne Naturwissenschaft durch ihre analytische Vorgehensweise eine gewaltige Vielzahl von Erkenntnissen gesammelt, die der Menschheit zum Segen wurde. Auch das wissen die indianischen Medizinmänner unserer Zeit, und viele indianische Ärzte haben deshalb an amerikanischen Universitäten studiert.

Der berühmte Indianerheiler und Traditionsbewahrer der chirokesischen Kultur, Rolling Thunder, brachte das auf einem Kongress vor mehr als 3000 Wissenschaftlern auf den Punkt, als er forderte, beide Kulturkreise sollten zusammenarbeiten statt gegeneinander.

In ihren sehr unterschiedlichen Wegen der Erkenntnis könnten beide Kulturkreise einander hervorragend ergänzen. Man solle in Zukunft füreinander offen sein und voneinander lernen.

Den Weißen ist die Verbindung mit der alles durchströmenden Lebenskraft Manitou verloren gegangen. Sie nehmen die verborgenen Wesen und Kräfte nicht mehr wahr.

19

Rein materielles Denken macht krank

Nun greift die Diskrepanz zwischen beiden Kulturkreisen, dem der Europäer und europäisch ausgerichteten Amerikaner und dem der Indianer und anderer Stammesvölker allerdings weit tiefer, als es beim bloßen Vergleich naturwissenschaftlicher Erkenntnis und schamanischer Gnostik scheinen mag. Die gesamten Lebensphilosophien unterscheiden sich gründlich voneinander. Die Daseinsziele des europäischen Kulturkreises heißen Streben nach Macht, Einfluss, materiellem Besitz und Ansehen sowie die ständige Vermehrung dieser so genannten Werte. Die Indianer und anderen Stammesvölker streben nach Harmonie mit der gesamten Schöpfung.

Beides ist grundsätzlich unvereinbar miteinander; denn wer Macht und materiellen Reichtum sucht, muss in einer Gesellschaft Gleichdenkender ständig darum kämpfen, während dem Harmoniestreben der Aggressionskampf fremd ist. Hier gibt es nur die – allerdings mitunter sehr entschiedene – Verteidigung tradierter Werte vor dem Versuch anderer, diese aus ihrem harmonischen Gleichgewicht zu bringen.

Das Heil des Einzelnen und das Heil der Erde bedingen sich wechselseitig. Krankt der Einzelne, so ist zwangsläufig auch sein Verhältnis zur Natur gestört. Die Disharmonie mit der Natur kann aber auch Ursache der Krankheit sein.

Parallelen zur Lehre Christi

Eine der meistzitierten Bibelpassagen ist die Bergpredigt Christi. In ihr fordert jener Prophet, den das Abendland als Gottes Sohn verehrt: »Ihr sollt euch nicht Schätze sammeln auf Erden, da sie die Motten und der Rost fressen. – Sorgt nicht für euer Leben, was ihr essen und trinken werdet, auch nicht für euren Leib, was ihr anziehen werdet. Ist nicht das Leben mehr denn die Speise und der Leib mehr denn die Kleidung? Sehet die Vögel unter dem Himmel an: Sie säen nicht, sie ernten nicht, sie sammeln nicht in die Scheunen; und euer himmlischer Vater nähret sie doch.« Und in derselben Predigt sagt Jesus: »Liebet eure Feinde; segnet, die euch fluchen; tut wohl denen, die euch hassen; betet für die, die euch beleidigen und verfolgen.«

Wie weit hat sich doch der christliche Kulturkreis von diesen Grundweisheiten allen Lebens entfernt. Es ist beschämend für das christliche Abendland, dass die Indianer ausgerechnet nach diesen christlichen Grundgesetzen leben, nachdem Missionare sich anmaßten, ihnen die Lehre von Gott bringen zu wollen, und zugleich eifrig bemüht waren, die indianische Kultur beider amerikanischer Subkontinente zu vernichten.

Die Botschaft der universellen Nächstenliebe

Dazu der große Medizinmann Mad Bear in einer Rede an die Weißen: »Wenn du in dir ein Gefühl von Gegnerschaft entdeckst, das heißt, wenn du anderen gegenüber negative Gefühle hast, bist du genau in der Situation, wo du empfänglich wirst für deren negative Gefühle. Das Grundprinzip ist, dafür nicht empfänglich zu sein. Ihr begegnet euren so genannten Kriminellen mit so viel Angst und Hass und Verachtung, dass eure Verbrechensrate immer mehr steigt. Eure Gesellschaft hat eine so hohe Verbrechensquote, weil sie mehr als empfänglich dafür ist. Ihr solltet *mit* diesen Leuten arbeiten und nicht gegen sie. Ihr solltet Verachtung für die Kriminalität als solche, aber nicht für die Menschen empfinden. Es ist ein großer Fehler, irgendeine Gruppe oder irgendwelche Menschen als Gegner zu betrachten. Wenn du dies nämlich tust, drängst du sie genau in diese Rolle. Es ist nützlicher, jeden anderen Menschen als ein anderes Ich, jedes einzelne Individuum als einen Vertreter dieses Universums zu betrachten.« – Liebet eure Feinde.

Kein Gefühl für das Leben

Die Tatsache, dass sich der europäisch orientierte Mensch in seinem gesamten Denken und Handeln, von der Naturwissenschaft bis hin zu Machtpolitik und Wirtschaftswachstum, ausschließlich an materiellen Komponenten wie Profitstreben, Kosten-Nutzen-Analysen, mechanischer Funktionsanalytik u. Ä. orientiert, halten indianische Lehrer für eine schwere Krankheit des Geistes.

Sie betonen, dass dieses Vorgehen zwangsläufig zu Disharmonien und Katastrophen jeglicher Art und schließlich globalen Umfangs führen muss: zu Machtkriegen, Raub und anderen Verbrechen, zu hemmungslosem Ausbeuten und Zerstören der Natur und selbstverständlich auch zu jeglicher Art von Zivilisationskrankheiten. »Ihr sollt euch nicht Schätze sammeln auf Erden«, sagte Christus und begründete das auch damit, dass sie Diebe auf den Plan rufen. Damit ist die Saat der Gewalt gesät. Auch das indianische Verständnis vom Wesen der Krankheiten und deren Heilungsmöglichkeiten basiert auf dieser Grundphilosophie. Sie wird bei den Indianern dadurch untermauert, dass sie zutiefst davon überzeugt sind, alles stünde ständig mit allem in Verbindung. Oberstes Ziel indianischen Heilens ist es, gestörte Harmonien wiederherzustellen.

Wo die Harmonie der Seele fehlt, kann es weder einen gesunden Geist noch einen gesunden Körper geben. Das ganze Leben ist zutiefst aus dem Gleichgewicht geraten und krank.

Indianer über Mensch, Natur und das Heilen

»Jeder Mensch ist ein Teil des Ganzen, keiner kann sich dem entziehen, keiner steht außerhalb oder hat weniger damit zu tun als ein anderer. Jeder Mensch ist eine Lebensform. Und deshalb ist das wahre Wesen des Menschen auch das Wesen des Lebens. Egal, wie tief du fällst oder wie hoch du hinaufsteigst – ob wirtschaftlich oder akademisch oder sonst wie –, du bist und bleibst ein Teil des Ganzen; selbst der schlimmste Verbrecher, der lebenslang in einer Zelle sitzt – sein Zentrum, sein Wesenskern ist derselbe Same, der Same der ganzen Schöpfung.«

Mad Bear

»Nichts ist umsonst, alles hat seinen Preis. Mich interessiert es, wie man mit solchen Dingen umgehen kann. Jede Krankheit und jeder Schmerz hat seinen Ursprung, und das ist meistens der Preis, den man entweder für etwas in der Vergangenheit oder aber in der Zukunft bezahlen muss. Das Wichtigste ist es, die Zusammenhänge zu erkennen. Moderne Ärzte scheinen das nicht zu begreifen. Es ist die Aufgabe des Medizinmannes, sich in diese Zusammenhänge Einblick zu verschaffen. Wir wissen, dass alles Folge des Einen und Ursache von etwas Neuem ist, also eine sich fortsetzende Kette von Ereignissen. Man kann sich nicht einfach dieser ganzen Kette entziehen. Manchmal muss eine Krankheit oder ein Schmerz entstehen, um den bestmöglichen Preis für etwas bezahlen zu können. Wenn man sich nun einfach der Krankheit entledigt, wird der Preis steigen. Die betroffene Person wird das vielleicht selbst nicht erkennen, aber ihr geistiges Ich weiß darum. Das ist auch der Grund, warum wir uns drei Tage lang mit einem Fall beschäftigen, bevor wir ihn übernehmen, und warum wir uns auch manchmal weigern, ihn zu übernehmen…
Physische Beschwerden können alle möglichen Ursachen haben, gute und schlechte, wie wir sagen würden, aber sie setzen alle auf der spirituellen Ebene an. Eine Infektion kann man auch als eine spirituelle Verunreinigung bezeichnen. Was sich im Körper abspielt, ist nicht das Wesentliche, deshalb verlangt die Fähigkeit zu heilen mehr als nur das bloße Wissen um den Körper. Wenn der moderne Arzt einen Kranken behandelt, sieht er nur die Krankheit und nicht den Menschen. Wenn also der Arzt nicht wirklich erkennt, was in seinem Patienten abläuft, wo das wirkliche Problem liegt, wenn er dem Patienten dann irgendwelche schmerzlindernden Medikamente verschreibt oder ein krankes Organ oder Glied einfach wegschneidet und in den Müll wirft, dann ist das nur vertane Mühe und hat ganz gewiss nichts mit Heilen zu tun…
Jede Materie innerhalb der Natur ist gleichzeitig ein spirituelles Wesen in einer spirituellen Natur. Deshalb können diese Dinge auch als spirituelle Helfer eingesetzt werden. Es gibt Wege, diese Helfer herauszufinden und zu begreifen, wie sie zusammengesetzt sind – und zwar nicht nur in ihrer chemischen Zusammensetzung. Ich kann zum Beispiel eine bestimmte Pflanze in die Hand nehmen, auch eine, die ich noch nie vorher gesehen habe, und ihr Wesen, ihre äußere und innere Zusammensetzung verstehen.«

Rolling Thunder

Integrales Denken – integrales Heilen

Die Seele beherrscht den Körper

Ausgehend von dem Bewusstsein, dass die gestörte Harmonie eines ganzen Systems sich stets auch negativ auf dessen einzelne Komponenten auswirkt und dort dann oft besonders auffällt, begreift der Indianer die körperlichen Leiden nicht als isolierte Fehlfunktionen oder Störungen einzelner Organe. Die Seele ist es, deren Harmonie verloren ging und eben das wird in Gestalt körperlicher Auswirkungen sichtbar.

Dem mechanistischen Weltbild der europäischen Schulmedizin war der Gedanke psychosomatischer Wechselwirkungen bis in die Mitte des 20. Jahrhunderts weitestgehend fremd. Erst neuerlich beginnen wir zu verstehen, dass genau dieses Zusammenspiel von Ursache und Wirkung zutrifft; noch akzeptieren es die europäischen Ärzte jedoch nicht als generelles Konzept. Sie haben zwar erkannt, dass Stress krank machen kann, aber die seelischen Ursachen von Erkrankungen wie z. B. Krebs oder der manifesten Immunschwäche AIDS werden hierzulande noch weitgehend geleugnet, ganz zu schweigen von den seelischen Ursachen äußerer körperlicher Verletzungen.

Die Grundphilosophie der indianischen Medizin ist es, nicht nur Krankheitssymptome zu bekämpfen, sondern vor allem die Ursachen zu beseitigen. Diese hängen meist mit Körper und Seele zusammen.

Kranker Körper – kranke Seele

Es gibt erst wenige Pioniere, die solche Zusammenhänge erkennen. Unter ihnen ist der Heilpraktiker Jens-J. Schlegel, der sich um schwerstkranke Krebspatienten kümmert. Weil er ganzheitlich vorgeht, erforscht er immer auch den psychischen Hintergrund seiner Patienten. Dabei fand er heraus, dass so gut wie allen Fällen von Brustkrebs bei Frauen ein gestörtes Mutter-Tochter-Verhältnis zugrunde liegt.

Andererseits erkannten schwedische Ärzte, dass sich Krebs generell allein dadurch positiv beeinflussen und oft sogar heilen lässt, indem die Patienten durch gezielte Meditation die Zahl ihrer Makrophagen, also der Abwehrzellen des Immunsystems, erhöhen. Auch darin zeigt sich die Wechselwirkung zwischen Seele und Körper eindrücklich.

Gestörte Sozialgefüge begünstigen Krankheiten

Ähnlich wie bei Krebserkrankungen verhält es sich bei AIDS. Wir wissen, dass allein die Infektion mit dem HI-Virus bei weitem nicht immer zum manifesten Erscheinungsbild dieser Immunschwächekrankheit führt.

Viele Patienten sind infiziert, zeigen aber keinerlei pathologische Symptome. Nun belegen erste statistische Erhebungen, dass die entscheidende Rolle, ob die tödliche Krankheit zum Ausbruch kommt oder nicht, ganz offenbar die seelische Verfassung des Patienten spielt.

So wird beispielsweise in Schwarzafrika die AIDS-Erkrankung besonders häufig dort manifest, wo das Sozialgefüge gestört ist, nämlich in den – zumeist überbevölkerten – Großstädten, während im sozial gesunden Lebensverband im Busch zahlreiche Menschen keine Symptome zeigen, obwohl sie mit dem HI-Virus infiziert sind.

Die Indianer Südamerikas nennen den Regenwald die Apotheke Gottes. In ihr wachsen zahlreiche Pflanzen, die vermutlich sogar gegen so schwere Erkrankungen wie AIDS oder Krebs wirksam sind.

Die jüngste medizinische Forschung in Deutschland und in den USA kennt das Arbeitsgebiet der so genannten Psychoneuroimmunologie. In Deutschland wurde dieser Begriff zuerst geprägt, als sich herausstellte, dass im Nervensystem hochkomplexe Boteneiweiße (insbedere die Interleukine 1 und 6) freigesetzt werden.

Die Freisetzung dieser Boteneiweiße erfolgt vor allem in dem so genannten limbischen System des Gehirns, das als Sitz der Gefühle gilt. Als Folge positiver Emotionen – allen voran Liebe und Lebensfreude – werden Boteneiweiße freigesetzt, die unmittelbar stimulierend auf das Immunsystem wirken.

Andererseits zeigte sich, dass negative Gefühle wie Wut, Hass, Trauer, Angst oder Verzweiflung einen direkt organisch schädigenden Einfluss auf den Körper ausüben.

Noch ungeklärt sind allerdings die Bedingungen, unter denen die Freisetzungsmechanismen der Interleukine ausgelöst werden. Hier steht die Forschung offenbar direkt an der »Schnittstelle« zwischen Seele und Körper, wenn man beide denn überhaupt getrennt voneinander betrachten kann.

Gefühle beeinflussen körperliche Prozesse

In den USA war es keine Zufallsentdeckung, die zum Fachgebiet Psychoneuroimmunologie führte; es waren gezielte Hinweise durch indianische Ärzte, die erklärten, dass und wie Stressfaktoren den Körper schädigen.

Heute haben Forscher an US-Kliniken nachgewiesen, dass Emotionen immer unmittelbar Veränderungen in der Konzentration der Botenstoffe im Nervensystem, der so genannten Neurotransmitter, zur Folge haben. Zu ihnen gehören z. B. das Adrenalin oder Epinephrin, das Serotonin, das Norepinephrin, das Azetylcholin und das Dopamin. Auch schmerzlindernde morphinartige Substanzen, die Endorphine, erzeugt der Körper in bestimmten Emotionslagen selbst.

Schwächung des Immunsystems

Je nach psychischer Verfassung und Gesamtzustand des Patienten stören diese Substanzen das chemische Gleichgewicht, also die Harmonie im Körper, oder sie arbeiten in Richtung einer Wiederherstellung der gestörten Harmonie. Ganz generell bewirken negative Gefühle das Erstere, positive das Letztere.
So wiesen Neurochemiker der Stanford University nach, dass Panik, Angst, Trauer und ähnliche sehr negative Emotionen das Immunsystem massiv schwächen, indem sie die Produktion von Antikörpern herabsetzen. Die Auswirkungen liegen auf der Hand, wenn man sich vor Augen hält, dass in jedem gesunden menschlichen Körper bei der normalen Zellteilung pro Tag im Durchschnitt auch etwa 20 000 entartete Zellen (Krebszellen) entstehen, die aber normalerweise problemlos durch die T-Lymphozyten aufgespürt und vernichtet werden. Gelingt das mangels dieser wichtigen Zellen des Immunsystems nicht, dann ist eine Krebserkrankung kaum noch aufzuhalten.

Mit der Abholzung des Regenwaldes beraubt sich der Mensch selbst eines der größten Heilpflanzenschätze überhaupt. Noch ist ihm nicht bewusst, dass in ihm wahrscheinlich der Schlüssel zur Heilung der schwersten Krankheiten des 20. Jahrhunderts verborgen liegt.

Ein indianisches Pueblo in New Mexico: Das Dorf liegt mitten in der Natur. Damit haben Geist und Seele eine feste Verbindung mit den Wurzeln der Schöpfung.

Die heilende Meditation

Noch immer aber sprechen europäische Ärzte von Wunderheilungen, wenn ein ihrer Meinung nach unheilbarer Krebspatient plötzlich wieder gesund wird. Solche »Wunder« sind die natürliche Folge einer wiedererlangten seelischen Harmonie. Das kann durch die bloße Erkenntnis geschehen, dass angesichts des drohenden Todes alle irdischen Stressfaktoren lächerlich unbedeutend werden. Das lässt sich aber auch durch die Aktivierung eines energischen Lebenswillens erreichen. Und es geht besonders gut durch Beten. Denn innige Gebete führen zu Gottvertrauen und Gottvertrauen zu jener tiefen inneren Sicherheit, die für Ängste und für andere negative Gefühle keinen Platz mehr lässt.

Doch hier liegt eine Fußangel für europäische Denker: Ihnen droht die Gefahr, vor dem Hintergrund ihres rein materiellen Weltbildes so etwas wie einen »Wirkungsmechanismus des Betens« konstruieren zu wollen und es auf einen Akt der Autosuggestion mit kausalen organischen Folgen zu reduzieren. So einfach ist das keineswegs. Aber wer niemals selbst ein tiefes Gotteserlebnis hatte – und das dürften heute leider die weitaus meisten »aufgeklärten« und naturfern lebenden Europäer sein – dem ist die tiefe Bedeutung des Betens rein verbal gewiss nicht zu erklären.

Gebete dienen im Heilprozess der indianischen Medizin nicht der Projektion der eigenen Wünsche, sondern der Wiederherstellung der verloren gegangenen Harmonie.

Jede Krankheit hat eine seelische Ursache

Es bleiben jene körperlichen Erkrankungen, die augenscheinlich nicht seelisch verursacht sind. Allen voran Infektionen im Zuge von Epidemien, Mangelerkrankungen und Verletzungen bei Unfällen.

Zum einen sind diese jedoch im Vergleich zu Herz-Kreislauf-Leiden, Magen-Darm-Beschwerden, Krebs, Steinleiden an Nieren, Blase und Gallenblase, asthmatischem oder epileptischem Geschehen, Schilddrüsenfehlfunktionen und vielen anderen »Zivilisationskrankheiten« deutlich in der Minderheit. Zum anderen betrachten viele indianische Heiler auch solche Leiden weitgehend als seelisch verursacht.

Es lässt sich nicht leugnen, dass stressgeplagte und deshalb nervöse oder auch depressive Menschen, Menschen in Angst oder voller Hass, eine erheblich größere Unfallbereitschaft zeigen als ausgeglichene, harmonische Menschen, deren intakte Instinkte sie zuverlässig vor drohenden Gefahren warnen.

Mangelerkrankungen, wie sie z.B. bei Unterernährung auftreten, sind in den weitaus meisten Fällen ebenfalls selbst verschuldet. Sie sind die unmittelbaren Folgen einer unnatürlichen Ernährungsweise, und diese wiederum basiert entweder auf verloren gegangenen natürlichen Instinkten, d.h. auf einer gestörten seelischen Harmonie, oder auf Versorgungsengpässen in den Ballungszentren der Dritten Welt, die künstlich geschaffene, menschenunwürdige Lebensräume sind.

Ähnliches gilt meist auch für grassierende Seuchen. Sie breiten sich vor allem dort aus, wo unnatürlich viele Menschen unter psychisch belastenden Verhältnissen auf engstem Raum zusammenleben müssen. Diese Art der Not und Armut geht meist auch mit mangelhaften hygienischen Umständen einher, die das Auftreten von Seuchen natürlich noch fördern.

Aber auch unerträglicher Luxus und übermäßiger beruflicher Erfolg begünstigen das Auftreten von Seuchen. Bevor die weißen Eroberer nach Amerika kamen, waren Seuchen unter der dort angestammten Bevölkerung völlig unbekannt.

Von dem Indianerschamanen und Heiler Rolling Thunder, der ein rasanter Autofahrer war, wird berichtet, dass er vor unübersichtlichen Kurven immer dann scharf abbremste, wenn hinter der Straßenbiegung etwa ein Tier auf der Straße saß. Er wusste das einfach.

Nicht jeder ist allein seines Glückes Schmied

Nach indianischer Auffassung stehen Körper und Seele in einem wechselseitigen Verhältnis zueinander. Dennoch ist nicht jeder allein für sein Glück und seine Gesundheit verantwortlich. Der Mensch steht auch immer in einem Zusammenhang mit anderen Menschen.

Der moderne Indianermediziner Mad Bear sagt: »Das Prinzip von Ursache und Wirkung gilt überall, und es muss immer jemand die Auswirkungen der Machenschaften anderer tragen. Wenn jemand einen destruktiven Gedanken oder Wunsch hegt, muss jemand anderer (oder müssen viele andere) darunter leiden. Wenn dieser sich verweigert, fällt der destruktive Gedanke auf den Urheber zurück.

Natürlich bekommt im Endeffekt jeder das, was er verdient, jeder muss für sein eigenes Verschulden bezahlen. Aber, wie es eben auch mit Geld geht, geht es zunächst einmal herum und erfasst viele Leute, und es kann ganz schön vertraut werden. Der Zweck der guten Medizin ist es, alles einfacher zu machen. Es gibt keinen Grund, gegnerische Kräfte zu erzeugen – es erzeugt nur wieder negative Energie und Gefühle.«

Der indianische Medizinbegriff

Der indianische Heiler begegnet einer Krankheit, die er als Harmoniestörung im vernetzten Ganzen aus Seele, Geist und Körper versteht, denn auch nicht mit Flickwerk am Detail. Dementsprechend hat er einen völlig anderen Medizinbegriff als europäisch orientierte Menschen.

Auch bei der modernen Apparatemedizin lässt sich beobachten, dass Körper, Seele und Geist nicht als Ganzes begriffen werden. Sie nimmt auf die seelische Komponente kaum Rücksicht. Einzig und allein die Homöopathie zielt in der westlichen Medizin darauf ab, gestörte Regelkreise als ganze wieder zu harmonisieren und damit den Körper nicht symptomatisch zu kurieren, sondern ihn zur Selbstheilung anzuregen.

Unsere Ärzte und Pharmazeuten verstehen Medizin als Agens, als Wirkstoff, der gezielt chemische Veränderungen im Organismus auslöst. Diese Veränderungen sind geeignet, körperliche Krankheitssymptome zu beheben oder wenigstens zu lindern. Die seelischen Ursachen werden dabei nicht berücksichtigt. Selbst dort, wo die Medizin neuerdings auch diese Faktoren erkannt hat und als solche akzeptiert, ist das kaum jemals anders. Ein europäischer Arzt, der weiß, dass Stress den Kreislauf schädigt, versucht, seine Patienten nicht etwa dadurch zu heilen, dass er ihnen hilft, den Stress loszuwerden, sondern indem er ihnen z. B. Betablocker verschreibt. Betablocker bewirken lediglich, dass die durch den Stress ausgelösten Botenstoffe nicht mehr in vollem Umfang aktiv werden können. Die Krankheitsursachen hat er damit keinesfalls beseitigt.

Grundzüge der Homöopathie

Die Indianer arbeiteten schon jahrhundertelang homöopathisch, bevor der deutsche Arzt Samuel Hahnemann im 19. Jahrhundert die Homöopathie für Europa entdeckte.

In diesem Zusammenhang ist es interessant zu wissen, wie Hahnemann zur Homöopathie fand. Er wusste, dass der Chinarindentee, mit dem indianische Heiler erfolgreich die Malaria bekämpften und auch Abertausenden weißen Siedlern geholfen hatten, große Heilkräfte besitzt. Bei Selbstexperimenten mit diesem Tee als Gesunder bekam Hahnemann Fieber und infektionsähnliche Symptome. Er schloss daraus verallgemeinernd: »Jedes wirksame Arzneimittel erregt im menschlichen Körper eine Art von eigener Krankheit. Man ahme die Natur nach, welche zuweilen eine chronische Krankheit durch eine andere hinzukommende heilt und wende in der zu heilenden (vorzüglich chronischen Krankheit) dasjenige Arzneimittel an, welches eine andere, möglichst ähnliche, künstliche Krankheit zu erregen imstande ist, und jene wird geheilt werden: Similia similibus (Ähnliches mit Ähnlichem).«

Sich mit der Disharmonie auseinander setzen

Hahnemann hatte damit im Prinzip Recht, aber wie alle europäischen Ärzte dachte auch er zu sehr krankheitsspezifisch. Ein indianischer Heiler würde dieses Wirkungsprinzip vermutlich so erklären: Ich führe dem Körper eine Medizin zu, die Leib und Seele dazu anregt, sich selbst mit der Art seiner Disharmonie auseinander zu setzen, weil sie ähnliche Disharmonien bewirkt. Dann kann sich der Körper selbst heilen.

Hahnemann, der behauptete, das homöopathische Präparat als solches würde die Krankheit beheben, irrte damit. Seine Lehre wurde auf diese Weise für die Schulmediziner angreifbar, und sie stehen der Homöopathie seitdem grundsätzlich skeptisch gegenüber. Nein, das Homöopathikum ist keine Medizin im chemotherapeutischen Sinn, und kein Indianer wird das je behaupten. Es gibt »lediglich« dem Gesamtsystem aus Seele, Geist und Körper entscheidende Anregungen zur Selbstheilung.

Die Indianer wussten lange vor Hahnemann um das Prinzip des »Similia similibus«, der konträren Wirkungsweise, die ein und dasselbe Heilmittel haben kann. Sie wussten, dass z. B. die Datura (Stechapfel) einen gesunden Menschen in den Wahnsinn treiben, einen Geisteskranken aber heilen kann. Sie wussten, dass die Wurzel des Ipecacuanha-Strauchs bei Gesunden heftige Durchfälle erregt, schwer an Ruhr erkrankte Patienten aber genesen lässt.

Indianische Medizin und das Unbegreifliche

Generell ist der indianische Medizinbegriff nicht identisch mit der chemotherapeutischen Auffassung von einem Medikament. Aber auch das homöopathische Konzept beschreibt nur einen verschwindend kleinen Teil dessen, was ein Indianer unter Medizin versteht. Als Medizin bezeichnet er nämlich nicht primär ein Heilmittel, sondern ganz generell das Wunderbare, das Rätselhafte, das Unbegreifliche.

Das steht in krassem Widerspruch zum europäischen Medizinbegriff, denn der weiße Arzt will wissen, wie ein Chemotherapeutikum wirkt, bevor er es seinen Patienten verordnet. Beim direkten Beeinflussen chemischer Prozesse im Körper ist das auch möglich.

Richtete man hingegen sein Augenmerk auf das Wiederherbeiführen außer Tritt geratener Harmonien, dann lassen sich derart simple Kausalzusammenhänge klinisch kaum entschlüsseln. Ein solches Wirken von Medizin bleibt geheimnisvoll.

Es kommt nicht von ungefähr, dass die Einführung der Homöopathie durch Hahnemann in Europa in der Alten Welt ein spontanes lebhaftes Interesse an indianischen Heilpflanzen nach sich zog.

Gute und schlechte Medizin

Der Indianer differenziert in seinem Medizinbegriff das Geheimnisvolle aber nicht hinsichtlich klinischer Applikationen oder irgendeiner anderen Anwendung. So nennt er schlechthin alles, das etwas bewirkt, ohne dass er versteht wie, geheimnisvoll und deshalb Medizin. Beispielsweise bezeichnet er den Whisky des Weißen Mannes als Medizinwasser, denn Whisky zeitigt für den Indianer in ihrer Ursache unverständliche Wirkungen. Manche Stämme nennen das Gewehr Medizineisen oder das Pferd Medizinhund. Auch von Medizinpfeifen, Medizinrädern, Medizinhüten, Medizinseen, Medizintrommeln u. Ä. ist bei verschiedenen Indianerstämmen die Rede.

Natürlich gibt es in diesem Konzept nicht nur gute, sondern auch schlechte Medizin, und dieser Begriff bezeichnet keineswegs in erster Linie Medikamente mit schädlichen Nebenwirkungen. Wird jemand erschossen, dann war das Gewehr für ihn eine schlechte Medizin. Und das Missouridampfboot, das die am großen Strom ansässigen Indianerstämme nicht selten als große Medizin bezeichnen, hat gute und schlechte Qualitäten, je nachdem, wofür man es benutzt.

Zu den traditionellen indianischen Heilweisen gehören verschiedene Reinigungsverfahren, schamanische Heilungsrituale oder auch Opferzeremonien.

Differenziertes medizinisches Wissen

Vor diesem Hintergrund wird verständlich, warum die weißen Missionare und Ärzte den Indianern immer wieder ein äußerst primitives Medizinverständnis bescheinigten und deshalb das Fehlen jeglicher ärztlicher Befähigung unterstellten. Diese Missdeutung ist ein ähnlicher sprachlicher Irrtum, als würde ein Börsianer einen Anthropologen nach dem Kurswert des Neander»talers« befragen und ihn mangels einer für ihn verständlichen Antwort als primitiv einstufen.

Die tatsächlichen Fakten liegen anders. Sowohl die nord- als auch die mittel- und südamerikanischen Indianer verfügten schon lange vor der europäischen Invasion über äußerst detailreiche und verfeinerte Kenntnisse der gesamten Heilkunde. Doch davon wird später noch die Rede sein.

Zunächst möchte ich verdeutlichen, was ein Indianer unter Heilpflanzen versteht, denn um diese soll es im vorliegenden Buch in allererster Linie gehen. Auf andere indianische Heilmittel und Heilmethoden, wie Mineralstoffgaben, chirurgische Maßnahmen, Quarantäne, Desinfektions- und Hygienepraktiken, Geburtshilfe und ähnliche Dinge brauchen wir deshalb hier nicht näher einzugehen. Nur so viel sei gesagt: Von alledem hatten die Indianer schon solide Kenntnisse, bevor sie in der europäischen Medizin Allgemeingut wurden.

Heilpflanzen sind Brüder und Schwestern

Die Indianer betrachten ihre Heilpflanzen – und sie kennen deren Tausende – seit jeher nicht als tote Arsenale therapeutisch wirksamer chemischer Substanzen, sondern als Geschenke des Großen Geistes an die Menschen. Doch als solche sind sie keine bloßen beliebig verfügbaren Objekte, sondern lebende, beseelte Wesen, denen der Mensch Achtung und Ehrfurcht zollt.

Kein indianischer Heiler käme deshalb auf die Idee, Heilpflanzen in riesigen Monokulturen industriell und unter dem Einsatz von Kunstdünger, Genmanipulation usw. zu züchten.

Er setzt auf das harmonische Zusammenwirken mit seinen pflanzlichen Helfern. Er fragt sie, ob sie ihm beistehen möchten und wie, ob er sie pflücken darf und zu welchen Tages- und Jahreszeiten sie für ihn am wirksamsten sind. Er erfährt, welche Pflanzenteile er verwenden soll und darf und welche nicht.

Wer das alles vor dem Hintergrund rein chemotherapeutischen Denkens für überflüssigen, naiven Aberglauben hält, der weiß nichts über die seelischen Voraussetzungen des Heilens, und der hat auch keine Ahnung von den biologischen Rhythmen der Natur. Er sieht nur leblose Details, nicht aber die großen Zusammenhänge des Lebens selbst.

Chemotherapeutische Eigenschaften

Hätten die indianischen Heilpflanzen keinerlei chemotherapeutisch nachweisbare Qualitäten, dann fiele europäischen Denkern ihre Akzeptanz vermutlich sogar leichter. Was man nicht begreift, kann man schließlich unvoreingenommen untersuchen und erforschen. Aber dem ist nicht so. Viele, ja die meisten indianischen Heilpflanzen besitzen sogar sehr ausgeprägte chemotherapeutische Eigenschaften, und aufgrund dieser bewertet sie der europäische Pharmazeut und Arzt grundsätzlich falsch, da aus einer falschen Perspektive heraus.

Hat er nämlich erst einmal analysiert, dass z.B. die Rinde des südamerikanischen Condurango-Strauchs glykosidische Bitterstoffe, Flavonoide und Kumarinderivate, Chlorogen- und Kaf-

Neben den Pflanzen sind es auch die Tiere, die in der indianischen Medizin eine große Rolle spielen. Als Schutztiere beeinflussen sie das harmonische Verhältnis zwischen Mensch und Natur.

feesäure enthält, dann kann er sich aufgrund dieses chemotherapeutischen Wissens sofort erklären, dass die Rinde die Magensaftsekretion anregt und deshalb ein »brauchbares Stomachikum« ist. Aber er wird sie nicht wie die Indianer erfolgreich bei inoperablem Magenkrebs einsetzen, denn für ihre Wirksamkeit in dieser Hinsicht kann er sich aufgrund der ihm bekannten einzelnen Inhaltsstoffe keinen Reim machen. Er weiß nicht einmal etwas über deren Zusammenspiel und schon gar nichts über mögliche seelische Reaktionen eines Krebskranken auf die Condurango-Rinde.

Die bis dahin in Europa gänzlich unbekannte Pflanze des Krallendorns wurde weißen Forschern bei einer Expedition in den Anden von einem indianischen Heiler überreicht. Auf diese Weise gelangten die Pflanze und das Wissen um ihre Krebs heilenden Eigenschaften in die europäische Medizin.

Die Krebs heilende Wirkung der Mistel

Genau aus diesem Grund wurde z.B. auch die große Heilwirkung der Mistel bis vor wenigen Jahren von den Schulmedizinern bestritten. Erst jetzt kennen Wissenschaftler in der Mistel die so genannten Interleukine 1 und 6 und andere Zytokinine, und erst jetzt glauben auch sie, was die europäische Volksmedizin schon seit Jahrtausenden wusste: Misteln können Krebs heilen. Allerdings verfallen die Wissenschaftler umgehend wieder in den alten Fehler: Sie versuchen, die Interleukine zu isolieren, zu standardisieren und damit aus dem natürlichen Lebensverbund der Mistel herauszureißen. Das Ganze, sagen sie, verstehen sie nicht; und deshalb sei ihnen das Ganze zutiefst suspekt. Mit diesem Ansatz lassen sich zwar gute Teilerfolge erzielen, aber er erlaubt niemals den Zugang zu einem integralen Krankheits- und einem integralen Heilungsverständnis.

Das Verständnis indianischer Heilpflanzen

Kein Wunder, dass deshalb eine der wirkungsvollsten peruanischen Heilpflanzen gegen Krebs, der Krallendorn Uncaria tomentosa, mit dem sich nachweislich zahlreiche als unheilbar geltende Krebserkrankungen beheben ließen, in kaum einem modernen Phytotherapielexikon überhaupt nur dem Namen nach erwähnt wird. Man weiß schließlich noch zu wenig über die Inhaltsstoffe und deren Wirkungs»mechanismen«.

Vor diesem Hintergrund ist es gewiss keine leichte Aufgabe, dem europäischen Leser in einem Buch wie dem vorliegenden indianische Heilpflanzen zu präsentieren. Verzichtet der Autor auf die Angabe bekannter Inhaltsstoffe und auf die mit ihnen zusammenhängenden, schulmedizinisch anerkannten phytopharmazeutischen Befunde, dann wird der altweltliche Arzt das

Buch leichtfertig als »unwissenschaftlich« abtun. Führt er aber heute klinisch akzeptierte Fakten auf, dann könnte nur allzu leicht ein scheinbares Gefälle zwischen »gesicherten Erkenntnissen« und möglicherweise zweifelhaften oder gar auf Aberglauben beruhenden Anwendungen indianischer Heilpflanzen entstehen.

Eine solche Differenzierung wäre durch nichts, aber auch gar nichts gerechtfertigt. Hätte es nicht die überwältigende Flut von Berichten früher europäischer Siedler und Missionare in Amerika über die spektakulären phytotherapeutischen Heilerfolge der Indianer gegeben, dann wäre niemals ein europäischer Arzt auf die Idee gekommen, diese Pflanzen auf ihre Inhaltsstoffe hin zu untersuchen. Und die Tatsache, dass er auch heute noch weit davon entfernt ist, die Mehrzahl dieser Inhaltsstoffe zu kennen und ihre Wirkungsweisen zu verstehen, bedeutet keineswegs, dass es sie nicht gibt und dass sie dem Menschen nicht ebenso helfen können wie die wenigen heute bekannten Substanzen schon vor ihrer Entdeckung.

Lebenskräfte akzeptieren und aktivieren

Vor allem aber sind jene Faktoren von überragender Bedeutung, um die sich die pharmazeutische und klinische Forschung überhaupt nicht kümmert, weil sie nicht in ihr Weltbild und ihre Vorgehensweise passen: seelische Komponenten und Lebenskräfte generell. Vergisst man Letztere, dann wird man niemals begreifen, dass natürliches, lebendes Vitamin C eben doch etwas völlig anderes ist als chemisch »baugleiches« synthetisches.

Aber auch moderne europäische Mediziner, die den Einfluss der Seele auf den Körper erkannt haben, machen gravierende Denkfehler. Sie versuchen flugs, sogar die kranke Seele chemotherapeutisch zu behandeln und forschen deshalb in psychoaktiven indianischen Heilpflanzen lediglich nach Alkaloiden und anderen Psychopharmaka, ganz so, als ob es eine unmittelbare Interaktion zwischen pflanzlicher und menschlicher Seele überhaupt nicht gäbe.

So kann nur ein seelisch selbst defekter Mensch vorgehen. Ein seelisch intakter Mensch weiß, dass ihn und die Heilpflanzen weit mehr verbindet als nur Chemie, denn er und die Heilpflanze sind Teile eines weit größeren lebenden Ganzen. Ihre Verbindung ist unendlich vielschichtig. Vor diesem Hintergrund will indianische Pflanzenheilkunde verstanden werden.

Übersieht man die Seele, dann wird Heilung auf Dauer ein akademisches Stümperwerk bleiben. Der Arzt beseitigt ein Leiden, um es durch ein anderes zu ersetzen.

33

Unser indianisches Erbe

Das Interesse der Europäer an der indianischen Kultur und an indianischen Heilverfahren ist keine neuere Entwicklung, die mit einem generellen Interesse an anderen Kulturen und an deren Integration in den eigenen Kulturkreis einhergeht. Spätestens seit Kolumbus und der Entdeckung der Neuen Welt im 15. Jahrhundert waren auch europäische Botaniker und Pharmazeuten am Heilpflanzenschatz der Indianer interessiert. Die Erforschung – und allzu oft leider auch die Zerstörung – der neuen Kulturen wurde zunächst vom spanischen Königshof und Adel getragen, der sowohl die Zeit als auch das Geld hatte, seiner Neugier zu frönen. Später verselbstständigte sich das Interesse an indianischen Pflanzen und deren Heilwirkungen; bereits gegen Ende des 16. Jahrhunderts waren Teile der indianischen Heilpflanzenkenntnisse Gemeingut der europäischen Arzneimittellehre.

Die Tradition der indianischen Medizin

Europa und die Neue Welt

Ende des 15. Jahrhunderts hatte Christoph Kolumbus die Neue Welt entdeckt und damit den Beginn der neuen Zeit in Europa eingeleitet. Die abendländische Pharmazie und Heilkunst befanden sich zu dieser Zeit noch auf mittelalterlichem Niveau und fußten hauptsächlich auf der alten Säftelehre des griechisch-römischen Arztes Galen (129–199 n. Chr.). Seit weit mehr als einem Jahrtausend hatte es in Europa kaum irgendwelche medizinischen Fortschritte gegeben, wenn man von den Einflüssen arabischer Ärzte einmal absieht, die aber ihrerseits ebenfalls zum großen Teil aus altgriechischen Quellen schöpften und speziell zur Pflanzenheilkunde nur wenig beitrugen.

Die berühmte Pharmacopoeia Londinensis von 1618 nennt als wirksame Arzneimittel noch so obskure Pharmaka wie Mumienstaub, die Exkremente von Tauben und Menschen und Hirschbullenpenisse. Und sogar im 18. Jahrhundert lobt Herman Boerhaaves »Materia Media« noch die Heilkräfte von Drachenblut, Skorpionöl und Krabbenaugen, exotische Dinge also, mit denen ein Pharmazeut Aufsehen erregen, aber kaum Kranke kurieren konnte.

Vorbeugende Maßnahmen als oberstes Gebot

Die Indianer beider amerikanischer Subkontinente waren indes bereits zu Napoleons Zeiten intime Kenner Tausender pflanzlicher Arzneimittel und verfügten über ein hoch entwickeltes Gesundheitswesen. Das indianische Gesundheitswesen baute in erster Linie auf vorbeugende Maßnahmen und versuchte damit, Krankenbehandlungen auf ein Minimum zu beschränken. In dieser Blütezeit indianischen Medizinwissens, das erst durch die europäischen Invasoren zurückgedrängt wurde, lag die durchschnittliche Lebenserwartung der Indios bei über 100 Jahren.

Sie wussten nicht nur über phytotherapeutische Wirkstoffe Bescheid, sie hatten auch vielfältige gezielte Applikationsformen entwickelt, darunter das Abbrennen von Kräutern zur Raumdes-

Die Säftelehre Galens, der neben Hippokrates der bedeutendste Arzt der Antike war, beruhte auf dem Prinzip der Einteilung des Körpers in bestimmte Flüssigkeiten. Nur bei einem gesunden Menschen standen die Körpersäfte im Gleichgewicht.

35

infektion und Infektionsverhütung, die Inhalation und das Schnupfen von Arzneimitteln (also deren Aufnahme über die Schleimhäute), aseptische und zahnfleischpflegende Kaugummis und Zahncremerezepturen, Heilbäder, Injektionen durch feine Hautritzungen, die antiseptische Wundbehandlung, Heilbäder, eine umfangreiche phytotherapeutische Vorsorge in der Frauenheilkunde, den Einsatz verschiedener pflanzlicher Alkaloide zur Behandlung psychischer Krankheiten u. v. m.

Sie verfügten über ambulante Sanitätsstationen und Krankenhäuser, ein pharmazeutisches Versorgungssystem mit einer erstaunlich guten Infrastruktur, die sogar Drogenfernhandelswege und einen Drogengroßhandel umfassten.

Bei der Tetanie kommt es durch zu viel Kalzium im Blut zu Sensibilitätsstörungen und zu krampfartigen Störungen in der Motorik, insbesondere in der Bewegungsfähigkeit der Hände.

Hilfe für den Weißen Mann

Als der Weiße Mann die Neue Welt eroberte und deren einheimische Bevölkerung umgehend zu unterjochen begann, waren es sowohl in Nord- als auch in Südamerika die Indianer, die die Invasoren von Seuchen und lebensbedrohlichen Mangelerkrankungen kurierten. Sie behandelten weiße Siedler gezielt und erfolgreich gegen Skorbut, Ruhr, Diphtherie und Malaria. Sie versorgten eiternde Verletzungen und bewahrten damit so manchen vor Amputationen, und sie kannten sogar Mittel gegen Tetanie.

Dennoch lernten lediglich die Trapper, die als Einzelgänger und Abenteurer in die Wildnis der Neuen Welt aufbrachen, gerne von den Indianern. Das europäische Militär, allen voran die europäischen Militärärzte, verweigerten sich hartnäckig allem Neuen, auch wenn der Erfolg der indianischen Therapien auf der Hand lag. Sie selbst standen den Kranken meist hilflos gegenüber.

So lehrten die Sioux um 1860 den Armeearzt F. W. Johns in Fort Laramie, dass sich aus dem mit Wasser vermischten Saft geschmorter Glieder des Feigenkaktus (Opuntia vulgaris) eine haltbare Flüssigkeit herstellen lässt, von der ein Teelöffel pro Tag zuverlässig Skorbut heilt. Als einer von wenigen Militärärzten erprobte Johns das Indianerrezept, mit dem Erfolg, dass ab diesem Zeitpunkt in Fort Laramie Skorbut ein Fremdwort war. Seine Berichte darüber ernteten unter den Kollegen jedoch nur Hohn und Spott.

*Von den Indianern
lernten die Europäer
das Rauchen.
Was dabei zählt,
ist aber nicht allein
das Ritual.
Auch heilkräftige
Tabakpflanzen
haben Bedeutung.*

Begegnungen der Weißen mit indianischer Heilkunst

In Fort Assiniboine in Montana grassierte im Winter des Jahres 1885/86 die Diphtherie. Die einzige Maßnahme des Generalarztes war dessen Anordnung, Wasch- und Schmutzwasser nicht mehr an die Baracken zu gießen und die Schlafsäcke nicht mehr mit feuchtem Heu zu füllen. Hilfe kam durch einen Medizinmann der benachbart zeltenden Assiniboine. Er heilte selbst schwerst erkrankte Patienten mit einer Mischung aus Kräutern und Schimmelpilzen, die antibiotische Wirkung besaß.

Rund 40 Jahre zuvor, 1848, hätte auch den an Cholera erkrankten Patienten Daniel Drakes mit indianischen Antibiotikamixturen geholfen werden können, wie Trapper versicherten. Doch der medizinische Berater der US-Regierung lehnte jegliche »Wildenzauberei« energisch ab und ordnete stattdessen an, der erste Freitag im August solle zum nationalen Gebetstag erklärt werden, »um den Allmächtigen inständigst anzuflehen, seine zerstörerische Hand, die er gegen uns erhoben hat, zurückzuziehen.«

*Die Weißen lehnten
viele Heilmethoden
der Indianer als
Zauberei ab; den-
noch reagierten sie
ihrerseits auf Krank-
heiten, die ihnen un-
bekannt waren, le-
diglich mit Gebeten,
anstatt die Hilfe der
Indianer in An-
spruch zu nehmen.*

Skepsis und Ablehnung

Diese Erfahrungen aus dem 19. Jahrhundert waren keineswegs die ersten Begegnungen der weißen Invasoren mit der indianischen Pflanzenheilkunst. Leider war jedoch auch die Reaktion darauf immer annähernd gleich. Schon während des eisigen Winters 1535/36, als die drei Schiffe von Jacques Cartier im

37

Die ursprünglich nur in Südamerika wachsende Ananas wird in Europa schon lange wegen ihrer zahlreichen Wirkstoffe geschätzt. U. a. enthält sie das eiweißspaltende Enzym Bromelain, das vor allem bei Darmstörungen sehr hilfreich ist.

tiefen Eis des St.-Lawrence-Stroms festgefroren waren und der Besatzung der Tod durch Skorbut drohte, erschien als rettender Engel der örtliche Indianerhäuptling Domagaia und heilte die Seefahrer mit einem Dekokt aus einem »gewissen Baum«. Niemand lernte dauerhaft daraus. Nicht einmal die Rezeptur wurde überliefert.

Neugier europäischer Botaniker

Zeigten die europäischen Pioniere in der Neuen Welt nur wenig Interesse an der indianischen Pflanzenheilkunde, weil sie die Indianer generell als Wilde verachteten, so verhielt es sich in den europäischen Stammländern anders. Hier waren es einerseits die Königshäuser, für die spannende Berichte aus der Neuen Welt stets eine willkommene Unterhaltung darstellten und die gegenüber exotischen neuen Medizinen für den Hochadel aufgeschlossen waren. Andererseits waren besonders die Botaniker – unabhängig von pharmazeutischen Inhaltsstoffen – begierig nach noch unbekannten Pflanzen. Sie waren es denn auch, die die zahlreichen, von Neuweltreisenden mitgebrachten amerikanischen Pflanzen als erste systematisch bearbeiteten. Mitglieder ihrer Zunft unternahmen auch eigene Pflanzenexkursionen nach Amerika. Damit schlug die Geburtsstunde der systematischen Botanik.

Weil die Pioniere auf diesem Gebiet im frühen 16. Jahrhundert, allen voran Leonhart Fuchs (1501–1566) und Tabernaemontanus (1520–1590), ihre Arbeit gründlich machten und nicht nur die ihnen neuen Pflanzen in bekannte Familien einordneten, sondern diese auch umfassend beschrieben, erwähnten sie auch deren phytotherapeutische Qualitäten.

Autoren wie Adamus Lonicerus (1528–1586) in seinem berühmten Kräuterbuch legten sogar den Schwerpunkt auf die pharmazeutische Applikation und gaben vielfältige Rezepturen an.

Beginn der europäischen Arzneimittellehre

Auf die europäische Arzneimittellehre hatte das neue Wissen eine revolutionäre Wirkung, hatte sie doch seit dem klassischen Altertum praktisch keine Bereicherung mehr erfahren. Aus der

Neuen Welt kamen nun mit einem Schlag Dutzende, ja Hunderte neuer Heilpflanzen. Schon als 1589 das erste offizielle staatliche Arzneimittelbuch der Welt, die Pharmakopöe des Valerius Cordus gedruckt erschien, enthielt diese 16 indianische Heilpflanzen, von denen der Autor forderte, dass sie in jeder Apotheke vorrätig sein müssen (siehe Kasten). Die meisten davon sind uns heute noch geläufig, wenn auch nicht alle in erster Linie als Phytotherapeutika.

Als weiterer prominenter Kräuterbuchautor bearbeitete im 17. Jahrhundert Bauhinius das Kräuterbuch von Tabernaemontanus und erweiterte es um zahlreiche neuweltliche Phytotherapeutika.

1750 bis 1775 veröffentlichte dann Christoph Jakob Trew seine »Plantae Selectae«, ein Werk, das den Europäern wiederum neue Indianerheilpflanzen vorstellte. Viele davon erreichten bald einen hohen Bekanntheitsgrad, darunter der Amerikanische Ginseng, die Papaya, der Kaktus Königin der Nacht, der Maiapfel, der Indigostrauch und der Kakaobaum. Die meisten hielten zu dieser Zeit ihren Einzug in die europäische Volksmedizin.

Anfang des 19. Jahrhunderts gesellten sich dann unter vielen anderen das Bitterholz, die Chilischoten, die Ipecacuanha-Wurzeln, die Maisgriffel, der Perubalsam, die Sonnenblumenkerne und der Tabak dazu.

Die Papaya verbessert ebenso wie die Ananas den Eiweißstatus im Körper. Das in ihr enthaltene Enzym Papain sorgt seinerseits wiederum für die Bildung von Verdauungsenzymen.

Indianische Phytotherapeutika in Europa um 1589

- Aloe (Ligni Aloes)
- Ananas (Pinea)
- Balsampappel (Tacamahacæ)
- Chia-Salbei (Mastiches Chiæ)
- Chinarinde (Cortex Chinæ)
- Guajakholz (Ligni Guaiaci)
- Jalape (Mechoacanæ)
- Kürbissamen (Semini Cucurbitæ)
- Papaya (Caricæ)
- Piment (Spicae Indicæ)
- Sarsaparillenwurzel (Sarsaparillæ)
- Sassafrasrinde (Sassafras)
- Stechapfel (Hyoscyamus Peruvianus)
- Styraxharz (Styrax)
- Tabakblätter (Foliae Peti)
- Winde, Blaue (Scammonii)

39

Geburt der europäischen Phytotherapeutik

Mit der systematischen Untersuchung der neuweltlichen Heilpflanzen durch Ärzte und Pharmazeuten erlebte zugleich die eigentliche europäische Phytotherapeutik ihre Geburt. Chemiker erforschten die Inhaltsstoffe und versuchten mehr oder weniger erfolgreich, sie zu isolieren.

Eine der ersten Entdeckungen dieser Art gelang 1820 mit dem Chinin. Später fand man u. a. weitere pharmazeutisch äußerst wichtige Alkaloide, darunter das Kokain und das Meskalin.

Im 20. Jahrhundert erlebten die indianischen Heilpflanzen im Pharmazieschatz Europas eine wechselvolle Geschichte. Noch im Deutschen Arzneibuch von 1926 (DAB 6) waren sie sehr zahlreich vertreten. Dann, im DAB 8 (1978), schlug sich die Furcht der pharmazeutischen Forschung nieder, sie dürfe nur Drogenpflanzen mit exakt analysierten und in ihrer Wirkungsweise bekannten Inhaltsstoffen publizieren. Mehr als drei Viertel der indianischen Medizinkräuter, -rinden, -wurzeln usw. wurden verdrängt.

Heute wandelt sich das Bild aus zwei Gründen erneut. Zum einen fordert die Öffentlichkeit in immer stärkerem Maß sanftere Heilmittel als die rein chemotherapeutischen. Zum anderen hat sogar die klinische Forschung selbst zumindest ansatzweise begriffen, welche unheilvollen Nebenwirkungen bis hin zu Todesfällen sie mit ihren vollsynthetischen Wirkstoffen oftmals auslöst. Und schließlich kennt die Forschung heute mehr und mehr Inhaltsstoffe zuvor nicht untersuchter Pflanzen. Im DAB 1998 und im ersten europäischen Arzneimittelbuch (EAB 1997) wurden bereits wieder rund zwei Drittel des indianischen Heilpflanzenbestandes des DAB 6 erreicht.

Das Chinin ist das wichtigste Alkaloid der Chinarinde. Es wirkt sowohl fiebersenkend als auch Wehen fördernd und allgemein entzündungshemmend.

Die Qualität der Heilpflanzenkenntnisse

Interessant ist, dass die zunehmenden wissenschaftlichen Erkenntnisse über die Inhaltsstoffe der indianischen Heilpflanzen exakt das alte Wissen der Indios widerspiegeln. Die moderne Medizin bestätigt somit ein seit Jahrhunderten existierendes und tradiertes Wissen.

Hierzu schreibt der Pharmakologe Dr. Joachim Exner: Im höchsten Grade erstaunlich ist, dass ganz deutlich wird, »wie sehr sich indianische empirische Indikationen und wissenschaftlich er-

40

probte Indikationen gleichen, ja sehr häufig sogar identisch sind. Mehr noch: Es zeigt sich auch, dass in vielen Fällen die indianischen Indikationen zahlreicher, differenzierter und spezifischer sind.«

An anderer Stelle fährt Exner fort: »Andererseits stellt sich auch beim Vergleich der Indikationen von Heilpflanzen, die in beiden Kulturkreisen gleichermaßen traditionell verwendet werden, heraus, dass unser einheimischer Arzneischatz und seine Erforschung durch die Schulmedizin, Homöopathie und Volksmedizin starke Parallelen zu indianischen Indikationen aufweist. Andererseits kann aber nicht verschwiegen werden, dass sich unser Wissen insgesamt über die Anwendungsmöglichkeiten der vorliegenden Heilpflanzen gegenüber den sehr ausführlichen Beschreibungen der indianischen Medizin eher bescheiden darstellt.«

Klassische indianische Pflanzen in der Homöopathie

Von der großen Bedeutung vieler indianischer Heilpflanzen in der Homöopathie war bereits kurz die Rede. Es kann nicht verwundern, dass sich im Schatz der heute in Europa gängigen homöopathischen Medikamente zahlreiche klassische indianische Pflanzen wiederfinden, wenn man weiß, dass Samuel Hahnemann im Grunde erst durch indianische Applikationen auf das Gebiet der Homöopathie aufmerksam wurde und durch sie seine Prämisse des Similia similibus (»Ähnliches mit Ähnlichem«) aufstellte.

Samuel Hahnemann wurde 1755 in Meißen geboren und starb 1843 in Paris. Er besaß als Begründer der klassischen Homöopathie nicht nur pharmazeutisches Wissen, sondern war auch Hygieniker und Psychiater.

Die indianische Medizin ist gewissermaßen der Urahn der klassischen Homöopathie. Bereits die Indianer nutzten zum Beispiel das Immunstimulanz Echinacea in Potenzierungen.

41

Indianische Heilpflanzen in der europäischen Homöopathie

Pflanze	Homöopathikum	Hauptindikationen
Cephaelis ipecacuanha, Uragoga ipecacuanha (Brechwurzel)	Ipecacuanha D3, D4, D6; bis D3 verschreibungspflichtig	Bronchitis, Keuchhusten, Bronchialasthma, Heuschnupfen, Migräne, Gastritis, Durchfall, Bindehautentzündung
Datura stramonium (Stechapfel)	Datura D3, D4, D6 und höher; verschreibungspflichtig bis D3	Manische Zustände, Delirien, Halluzinationen, schwere Infekte mit Hirnhautentzündung, Krämpfe, Epilepsie
Echinacea angustifolia (Schmalblättrige Kegelblume)	Echinacea Ø (= Urtinktur), D1, D2, D4, D6	Septische Prozesse, Furunkel, Karbunkel, Mastitis, Eiterungen nach Verletzungen, langwieriges Unterschenkelgeschwür, Immunschwäche
Eupatorium perfoliatum (Wasserhanf)	Eupatorium perfoliatum; Ø, D1, D2, D3, D4	Grippe, Erkältungskrankheiten, Reizblase, akute Gastritis bei fiebrigen Infekten
Gelsemium sempervirens (Falscher Jasmin)	Gelsemium D2, D3, D4, D6, D10 und höher	Grippe mit Hirnhautreizung, Migräne, Gesichtsneuralgien, Augenmuskellähmung, Herzmuskelentzündung, schmerzhafte Menstruation
Hamamelis virginiana (Virginische Zaubernuss)	Hamamelis Ø, D3, D4, D6	Venöse Blutungen, Krampfadern, Hämorrhoidalleiden, schmerzhafte Menstruation, Lungentuberkulose, Venenentzündung
Iris versicolor (Buntfarbige Schwertlilie)	Iris versicolor D2, D3, D4	Migräne, Trigeminusneuralgie, Magenübersäuerung, Lebererkrankungen
Luffa operculata, Luffa purgans (Luffaschwämmchen)	Luffa D3, D4, D6, D12 und höher	Entzündung der oberen Atemwege, Heuschnupfen, Brechdurchfall

Indianische Heilpflanzen in der europäischen Homöopathie

Pflanze	Homöopathikum	Hauptindikationen
Passiflora incarnata (Fleischfarbene Passionsblume)	Passiflora incarnata Ø, D2	Schlaflosigkeit, Folgezustände von Morphinismus, nervöse Erschöpfung, vegetative Nervosität
Phytolacca americana (Kermesbeere)	Phytolacca D2, D3, D6	Muskel- und Gelenkrheumatismus, grippale Infekte, chronische Mandelentzündung, Milchstau
Podophyllum peltatum (Maiapfel, Entenfuß)	Podophyllum D2, D3, D4, D6; bis D3 verschreibungspflichtig	Leber- und Gallenblasenerkrankungen, Gelbsucht, Dickdarmentzündung, akuter Brechdurchfall, Hämorrhoidalleiden
Quassia amara, Quassia excelsea (Quassia-Baum)	Quassia D2, D3, D4	Leber- und Gallenwegsentzündungen, Gelbsucht, Leberzirrhose, Pfortaderstau, Bauchwasser
Rhus toxicodendron (Giftsumach)	Rhus toxicodendron D2, D3, D4, D6, D8, D10, D12 und höher	Gelenkrheumatismus, Schiefhals, Schwindel, Nervenentzündung (z. B. des Ischias), Hautentzündung, pustulöse Ekzeme
Robinia pseudoacacia (Robinie)	Robinia D2, D3, D4	Magenübersäuerung, Sodbrennen, Migräne
Sanguinaria canadensis (Kanadische Blutwurzel)	Sanguinaria D2, D3, D4, D6	Klimakterium, Hitzewallungen, Migräne, Erkältungskrankheiten, Kehlkopfentzündung mit Krampfhusten, Rheumatismus der Muskeln und Gelenke
Serenoa repens (Zwergpalme)	Sabal serrulata Ø, D3, D4, D6	Prostatavergrößerung, -entzündung, Hoden-, Blasenentzündung
Smilax utilis (Smilax)	Sarsaparilla D2, D3, D4	Milchschorf, Ekzeme, Eiterausschlag, Skrofulose, Nierensteine, Nieren- und Blasenentzündung, rheumatische Erkrankungen

Pharmazie und Medizin der Indianer

Einige der spanischen Invasoren erwiesen sich als lernbereit und sogen die Kenntnisse der Ureinwohner auf pharmazeutischem und medizinischem Gebiet begierig in sich auf. Oft genug hing in der neuen, unbekannten Welt auch das Leben der Invasoren von den Fähigkeiten der Medizinmänner und Schamanen ab. Während die Medizinmänner in erster Linie Pflanzenheilkundige sind, die ihre Patienten bei unterschiedlichen Beschwerden mit unterschiedlichen Heilpflanzen behandeln, arbeiten die Schamanen spirituell und sehen die Pflanzen als ihre heilkräftigen Verbündeten an. Doch beide haben ein grundsätzlich anderes Verständnis vom Menschen und damit auch vom Heilen als die europäische Medizin: Sie betrachten ihn als Einheit aus Körper, Geist und Seele. Will man die Krankheit des Körpers austreiben, muss man auch die Seele heilen.

Übernahme indianischen Wissens

Lernbereite Spanier

Sieht man von den Trappern einmal ab, die nach der europäischen Invasion Amerikas als Glücksritter und Abenteurer durch die heutigen USA und Kanada streiften und – dabei oft völlig auf sich allein gestellt – nur allzu gerne vom medizinischen Wissen der Indianer profitierten, dann interessierten sich die europäischen Siedler in Nordamerika kaum ernsthaft für die Heilkunst der Ureinwohner.

Anders war das in Mittel- und Südamerika. Das mag zwei Gründe haben: Zunächst zeigten sich die Spanier, die diese Gebiete eroberten, für die Kultur der einheimischen Bevölkerung generell weitaus offener als die Scharen marodierender Militärs, die Nordamerika unterjochten.

Zum anderen befanden sich aber in Mittel- und Südamerika indianische Hochkulturen, die den fremden Eindringlingen Bewunderung abverlangten. Das war in Nordamerika nicht der Fall, und deshalb hielten einwandernde Europäer die nordamerikanischen Indianer generell geringschätzig für Wilde, von denen niemand etwas lernen wollte.

Indiokulturen und spanische Siedler

Bernal Diaz de Castillo, ein spanischer Chronist der Landnahme in den Gebieten der Indios, staunte: »Wir konnten es nicht fassen und meinten, alles sei Zauberei!« Worüber er staunte, war nicht mehr und nicht weniger als die zu Beginn des 16. Jahrhunderts größte und modernste Stadt der Welt, Tenochtitlan. Sie lag dort, wo sich heute Mexico-City ausdehnt – auf soliden Pfahlbaufundamenten im Gebiet eines riesigen, teilweise entwässerten, flachen Sees.

Die Stadt verfügte über eine beeindruckende Infrastruktur mit einem technisch perfekten Wasserversorgungsnetz, einer Abwasserkanalisation, an die fast jedes Haus angeschlossen war, Geschäftsstraßen und Märkten, schwimmenden Garten- und Nutzpflanzenanlagen, Bade- und Krankenhäusern u. v. m.

Als Hochkultur im engeren Sinn kann man die indianische Kultur Nordamerikas nicht bezeichnen – abgesehen vielleicht von den Pueblo-Indianern, die im heutigen Arizona heimisch waren.

Heilpflanzenwissen in Mittel- und Südamerika

Allein im Palast Moctezumas II. befand sich ein Garten mit über 4000 Pflanzen, von denen die meisten als Heilpflanzen dienten und die von phytotherapeutisch versierten Gärtnern und Pharmazeuten aufgezogen und gepflegt wurden. Sie bereiteten daraus Teemischungen, heilende Säfte, Salben und auch Pflaster, die in Apotheken im Stadtgebiet von Tenochtitlan fertig für die Anwendung verkauft wurden.

Beeindruckt von dem umfangreichen Wissen der Azteken, lehrte der Spanier Fray Bernardino de Sahagún mehrere aztekische Adlige, deren Sprache mit lateinischen Buchstaben zu Papier zu bringen. Für ihn protokollierten sie Wissenswertes über die aztekische Kultur, die Geschichte, religiöse Kulte, das Erziehungswesen und die Medizin.

Zwar überrumpelten auch die Spanier die ihnen zum Opfer fallenden Indioreiche mit militärischer Übermacht, zugleich aber zeigten sie einen gewissen Respekt vor den kulturellen Leistungen der Ureinwohner.

Als der Inhalt dieser Niederschriften 1570 Philipp II. von Spanien erreichte, war dieser vor allem vom Heilpflanzenwissen der Azteken so beeindruckt, dass er für weitere Recherchen seinen Leibarzt, Francisco Hernandes, nach Mexiko entsandte. Der sammelte dort innerhalb von sieben Jahren pharmazeutisches Fachwissen zu mehr als 1 200 Heilpflanzen.

Das Wissen der Azteken

Im Vergleich zum medizinischen Wissen der Azteken ist von jenem anderer mittelamerikanischer Indiokulturen nur sehr wenig überliefert. Das liegt nicht zuletzt daran, dass zum Zeitpunkt der europäischen Invasion die kriegerischen und barbarischen Azteken die meisten anderen Stämme der Region bereits unter ihre Herrschaft gebracht hatten. Im Zuge dessen hatten sie sich auch deren medizinisch-pharmazeutisches Wissen zu Eigen gemacht. Dabei ging die Medizin der Maya, Zapoteken, Mixteken, Totonaken, Olmeken, Quiché und anderer unterjochter Indiokulturen in ihrer eigenen auf.

Das Wissen der Inkas

Gut überliefert ist dagegen wiederum das medizinisch-pharmazeutische System der in Südamerika heimischen Inkas. Auch sie hatten zahlreiche andere Indiostämme in ihr Reich eingegliedert. Im Gegensatz zu den Azteken, deren Staat ein kultureller Schmelztiegel war, hatten die Inkas den Andenstämmen aber weitgehend ihre kulturelle Selbstständigkeit gelassen. So war das riesige Inkareich ein Vielvölkerstaat mit zahlreichen eigenständigen kulturellen Traditionen und auch Sprachen. Die zentralistische Verwaltung der Inkas und ihr System von Fernhandelswegen ließ aber ein Medizinwesen entstehen, das im gesamten Staat recht einheitlich war.

Ein Grund dafür, dass der medizinische Standard trotz der kulturellen Vielfalt des Inkareiches überall gleich war, lag sicher auch in der recht einheitlichen Flora des gesamten Andenraums. Wohl gibt es im westlichen Südamerika drei grundsätzlich unterschiedliche Vegetationszonen – den küstennahen Wüstengürtel, das zentrale Bergland und die ausgedehnten Regenwälder an dessen Ostflanken, die sich bis ins Amazonasbecken hinein erstrecken. Aber alle drei Zonen haben eine gewaltige Nord-Süd-Ausdehnung.

Die zahlreichen Fernstraßen im Inkareich erlaubten es, Heilpflanzen aus den Wüsten, den Gebirgs- und östlichen Tieflandregionen überall im Land zu verbreiten. Dabei gab es sogar spezielle Kräuterhandelswege, von denen viele noch heute benutzt werden.

Trotz der kulturellen Vielfalt des Reiches lagen Medizin- und Arzneiwissen vorwiegend in den Händen von Apothekern der Inkas selbst. Ähnlich wie ihre aztekischen Berufskollegen kannten auch sie weit über 1 000 Heilpflanzen. Berichte darüber kamen vor allem durch die Protokolle des Spaniers Pedro de Cieza de Léon nach Europa.

Hohes Niveau in ganz Amerika

Erstaunlich ist, dass trotz der immensen geografischen Entfernungen, die zwischen den Kulturkreisen der südamerikanischen Indios, der mittelamerikanischen Stämme und der Indianer Nordamerikas liegen, medizinisches Wissen und medizinische Praktiken in ganz Amerika ein annähernd gleich hohes Niveau erreicht hatten. Trotz der beachtlichen kulturellen Unterschiede vieler verschiedener Ethnien, die keinerlei Kontakte zueinander unterhielten, herrschte bei den indianischen Heilpflanzenkenntnissen der verschiedenen Stämme eine annähernd gleiche therapeutische Vielfalt.

Die Fülle der Grundlagenkenntnisse und des Wissens um die Anwendungsgebiete der jeweiligen Heilpflanzen ist so gewaltig, dass sie sich im Rahmen des vorliegenden Buchs kaum mehr als stichwortartig darstellen lässt.

Neben dem Sonnengott, als dessen Nachkommen sich die Inkaherrscher begriffen, verehrten die Inkas auch die »Erdmutter« in Gestalt der Fruchtbarkeitsgöttin Pachamama.

Medizinmänner und Schamanen

Ein gravierender Unterschied

In der einschlägigen Literatur wird oft zwischen Medizinmännern und Schamanen kein Unterschied gemacht. Für den Außenstehenden ist dieser gerade im indianischen Kulturraum auch manchmal nur schwer zu erkennen. Dennoch ist der Unterschied gravierend.

Es verhält sich in etwa ähnlich, als würde ein fremder Besucher in einem christlichen Land beobachten, dass Ordensschwestern häufig den Pflegedienst in Krankenhäusern übernehmen. Lernt er nur solche Schwestern kennen, dann könnte er zu dem Trugschluss gelangen, alle Krankenschwestern seien grundsätzlich Ordensfrauen. Das träfe aber ebenso wenig zu wie die umgekehrte Vermutung, dass alle Nonnen zugleich Krankenpflegerinnen sind.

Zu den schamanischen Behandlungsmethoden zählt neben der Arbeit mit der Rassel auch die Diagnose mit Gesang und die so genannte Reise zur Seele, bei der der Schamane Kontakt zur Seele des Patienten aufnimmt.

Für den außenstehenden Betrachter kommt außerdem noch verwirrend hinzu, dass sich beide Bereiche, der im Dienste Gottes stehender Nonnen und jener der Krankenpflegerinnen, trotz unterschiedlicher Aufgabenstellung vor demselben christlichen kulturellen Hintergrund in der Praxis vielfältig überschneiden.

Eine Ordensschwester kann durchaus auch einmal am Bett eines Kranken beten, und sie wird sich natürlich bei ihrer medizinischen Betreuungsarbeit auf ihren göttlichen Auftrag berufen, ihrem Nächsten zu helfen. In der Tat braucht eine Frau aber durchaus nicht Kranke zu pflegen, um Ordensschwester zu sein; und andererseits kann eine Krankenschwester auch aus dem Lager der Atheisten stammen.

Schamane – Mittler zwischen den Welten

Sehr ähnlich ist der Unterschied zwischen Medizinmännern und Schamanen zu verstehen. Im indianischen Kulturraum mit seiner besonderen Auffassung des Wortes »Medizin« nicht allein als Heilmittel, sondern generell als Rätselhaftes, Geheimnisvolles, fällt die Differenzierung besonders schwer, denn selbst Indianer nennen ihre Schamanen nicht selten Medizinmänner. Sie unterscheiden zwischen beiden zwar ebenfalls grundsätzlich, aber auf einer sprachlich völlig anderen Ebene. So kennen sie sehr viele verschiedene Arten von Schamanen, darunter solche, die pharmazeutisch heilen. Es gibt aber auch Schamanen, die gänzlich andere Methoden zur Behandlung von Kranken anwenden.

Medizinmann – der Pflanzenheilkundige

Wir wollen des klareren Verständnisses wegen hier nur die indianischen Ärzte, deren Funktion in etwa mit jener der deutschen Heilpraktiker zu vergleichen ist, als Medizinmänner bezeichnen.

Diese Abgrenzung hat sich nämlich auch in anderen Kulturkreisen von Naturvölkern, z. B. in Schwarzafrika, bei den arktischen Völkern, den Stämmen Zentralasiens oder den australischen Aborigines eingebürgert. Schließlich stammt das Wort »Schamane« auch nicht aus dem indianischen Sprachschatz, sondern aus dem tungusischen.

Dass die Indianer ihre Schamanen oft auch Medizinmänner nennen, weil sie eben mit dem Wort »Medizin« auf die geheimnisvolle Komponente der Schamanenarbeit hinweisen wollen, ist ein rein indianisches Phänomen. Aber schon das, was der klassische indianische Schamane unter Medizin versteht, ist etwas völlig anderes als das, was der indianische Pflanzenheilkundige so nennt.

Im Unterschied zu den Heilpflanzen der Medizinmänner sind die Pflanzen, mit denen der Schamane arbeitet, »Zauberpflanzen«; manche davon sind in irgendeiner Form psychoaktiv.

Räuchern mit duftenden Harzen und heilenden Kräutern ist heute weltweit verbreitet. Die Indianer benutzen Rauch seit eh und je als Heilmittel.

49

Spirituelle Kräfte

Der gravierende Unterschied zwischen Schamanen und Medizinmännern lässt sich am einfachsten deutlich machen, wenn man ihre unterschiedliche Auffassung von Medizin (im engeren, nämlich nur im heilenden Sinn) erklärt.

Der indianische Pflanzenheilkundige, den wir Medizinmann nennen wollen, arbeitet mit Heilmitteln, die er seinen Patienten als Medikamente verordnet. Er kann sie dem Kranken oral eingeben, durch Haut oder Schleimhäute zuführen, injizieren oder in Form von Klistieren applizieren. Immer wirken sie unmittelbar und über pharmakologisch nachweisbare Substanzen auf den Patienten ein.

Medizinpflanzen sind für den Schamanen spirituelle Helfer, unter deren Einfluss er zur Diagnose der Krankheit gelangt und die er auch therapeutisch einsetzen kann.

Schamanenpflanzen sind keine Phytotherapeutika

Die Medizin des Schamanen dagegen ist weder krankheitsspezifisch noch überhaupt für den Patienten bestimmt, sondern für den Heiler. Er selbst wendet sie bei sich an. Er reibt sich damit ein, isst, trinkt, raucht oder schnupft sie. Er heilt nämlich nicht mit pharmazeutischen Wirkstoffen, sondern mit spirituellen Kräften.

Die Medizinpflanzen, die er verwendet, dienen dabei als Verbündete, die ihm den Kontakt zur spirituellen Welt ebnen. Sie können ihn empathisch mit seinen Klienten verbinden, aber nicht als Phytotherapeutika. So sind denn die Heilpflanzen der Schamanen heilerspezifisch. Mit der Krankheit des Patienten oder auch mit dessen Gesamtkonstitution haben sie herzlich wenig zu tun.

Heilpflanzen aktivieren spirituelle Kräfte

Ein Schamane, dessen persönliche Medizinpflanze z. B. die Brennnessel ist, wird alle seine Klienten mit Brennnesseln behandeln, ganz gleich, ob deren Inhaltsstoffe sich dafür pharmakologisch eignen oder nicht.

Das interessiert den Schamanen auch gar nicht, denn die Brennnessel ist in diesem Fall nur ein Vehikel für spirituelle Kräfte ganz anderer Natur, etwa so, wie auch der Milchzucker als Trägersubstanz einer homöopathischen D 200-Potenzierung zwar keinerlei pharmakologischen Wert besitzt, aber Informationsmittler für den eigentlichen – materiell überhaupt nicht anwesenden – Wirkstoff ist.

50

Was den außenstehenden Beobachter bei der Arbeitsweise des indianischen Schamanen irritieren kann, ist, dass der Schamane trotz seiner generell spirituellen Arbeitsweise seinen Patienten gelegentlich doch einmal pflanzliche Arzneien verabreicht, die ihn bei seiner Arbeit unterstützen sollen.

Das kann zweierlei recht unterschiedliche Gründe haben. Einmal ist es möglich, dass der Schamane dem Kranken seine eigene Medizinpflanze eingibt, um sie als Vehikel der spirituellen Kraft und Information in dessen Körper zu benutzen. Es kann aber auch sein, dass er tatsächlich Heilpflanzen im pharmazeutischen Sinn appliziert.

Für den Beobachter nicht sichtbar ist dabei der innere Hintergrund. Im Gespräch mit seinen spirituellen Helfern hat der Schamane erfahren, dass er dem Patienten eben diese Heilpflanzen zukommen lassen solle.

Ich selbst, der ich schamanisch arbeite, habe einmal auf einer spirituellen »Reise« für einen Kranken die Anweisung bekommen, ihn in eine neurologische Klinik zu schicken, um dort ein Kernspintomogramm anfertigen zu lassen. Ein unbefangener Beobachter hätte völlig Unrecht, wenn er daraus schließen würde, europäische Schamanen seien klinische Diagnostiker, die ihre Klienten sachkundig beraten und sich dabei auf die Apparatemedizin stützen.

Auch der Medizinmann arbeitet spirituell

Kann sich schon der Schamane auch pharmazeutisch relevanter Heilpflanzen bedienen, weil seine spirituellen Helfer ihm von Fall zu Fall dazu raten, so sind andererseits den meisten indianischen Medizinmännern auch schamanische Arbeitsmethoden zumindest nicht fremd, denn Schamane und Medizinmann teilen schließlich denselben kulturellen Hintergrund.

Beide stehen nicht auf einem naturwissenschaftlichen Fundament. Auch der indianische Pflanzenheilkundige wird spirituelle Kräfte anrufen, wenn er für seinen Patienten die geeignetste Arznei auswählt und sie ihm dann verabreicht.

Auch der Medizinmann wird mit seinen Heilpflanzen sprechen und sie nach ihrer Indikationsbreite, d. h., in welchen Fällen er sie anwenden soll, und nach ihrer Applikationsweise befragen, statt im Labor rein »mechanisch« ihre Inhaltsstoffe zu analysieren. Das Letztere wäre ihm viel zu tot, zu unzuverlässig, zu einseitig und deshalb rundum suspekt.

Die schamanische Reise zur Seele des Patienten verrät dem Heiler meist die Ursache der Krankheit und wie man sie heilen kann. Der Schamane behält während dieser Reise meist Körperkontakt zu seinem Klienten, der möglichst entspannt neben ihm auf dem Boden liegt.

51

Bei manchen Stämmen fungiert der Schamane zugleich als Medizin-mann. Aber diese Personalunion ist keinesfalls überall anzutreffen.

Ein Mensch – zwei Funktionen

Wegen des Überlappens der Arbeitsweisen von Medizinmän-nern und Schamanen vereinen sich bei den Indianern häufig beide Tätigkeiten in ein und derselben Person, was für den außenstehenden Beobachter das Auseinanderhalten der beiden grundsätzlich unterschiedlichen Arbeitsansätze zusätzlich er-schwert.

Dieses gleichzeitige Ausüben zweier Berufszweige durch densel-ben Menschen ist natürlich sehr sinnvoll, denn sowohl das Me-dizinmanntum wie der Schamanismus haben in Bezug auf den Kranken dasselbe Ziel: Beide wollen ihm helfen, wieder gesund zu werden.

Durch seinen Kontakt mit spirituellen Kräf-ten ist der Schamane nicht nur Heiler, son-dern wird gelegentlich auch als Priester ver-ehrt. Er übt seine Tätigkeit im schama-nischen Bewusstseins-zustand, in einer Art Trance aus.

Verbindung zweier medizinischer Richtungen

Entfernt Ähnlichem begegnen wir in Europa, wo heute auf den Praxisschildern vieler niedergelassener Ärzte steht: »Allopathie und Homöopathie«. Dessen ungeachtet betrachten die meisten Schulmediziner die Homöopathen als Scharlatane, während vie-le Homöopathen die reinen Schulmediziner der Seelenlosigkeit und eines mangelnden holistischen Verständnisses bezichtigen. Wer sich näher für schamanisches Heilen interessiert, der mag mein Werk »Heilbuch der Schamanen« (W. Ludwig Buchverlag) zur Hand nehmen. Das hier vorliegende Buch dagegen befasst sich mit der Heilkunde der indianischen Medizinmänner und ihren Arzneipflanzen, also nicht mit jener der Schamanen.

Medizinische Praktiken

Pflanzendrogen für besondere Zwecke

Anästhetika

Es ist erstaunlich, wie spät europäische und US-amerikanische Ärzte die Möglichkeit der Anästhesie entdeckten. Erst im Jahr 1846 führte Crawford W. Long einen chirurgischen Eingriff unter Vollnarkose durch.

Danach unternahm man Versuche mit verschiedenen chemischen Narkotika, darunter Äther, Chloroform und Lachgas. Aber erst 1884 entdeckte Carl Koller die hervorragenden Eigenschaften von Kokain als Lokalanästhetikum.

Den Inkas und anderen südamerikanischen Indiostämmen ist indes seit langem bekannt, dass die Inhaltsstoffe der Cocablätter narkotisierende Wirkung haben. Sie benutzten sie vorwiegend als Lokalanästhetikum bei chirurgischen Eingriffen bis hin zur Schädelöffnung.

Die Inkas verehrten die Cocapflanze als heilig. Auch heute noch genießt die Pflanze bei den Indianern ein besonderes Ansehen.

Stimulierende Getränke

Wohl in keinem anderen Kulturkreis wurde und wird so viel Tee getrunken wie bei den Indianern. Allerdings handelt es sich dabei nicht um die uns bekannten schwarzen und grünen Tees aus Indien, Ceylon, China oder Japan, sondern um den Absud aus sehr unterschiedlichen amerikanischen Pflanzen.

Unter diesen Pflanzen sind Mate, Sarsaparille und Guarana aus Südamerika, Ceanothus (»New Jersey tea«) und Ilex-Blätter (»Cassine« oder »Yaupon«). Es gibt aber auch Tee aus Ledum-Arten (»Labrador-Tee«), aus Ephedra-Arten (»Mormonentee«), der Goldrute, Süßem Farn (Myrica oder Comptonia), Wintergrün (Gaultheria) und anderen Gewächsen.

Wirkungen

Manche dieser Tees haben harntreibende Wirkung oder fungieren sogar als Brechmittel – z.B. bei Vergiftungen. Die meisten aber sind ganz einfach vielseitige Stimulanzien und Tonika, die allgemein die Gesundheit sowie die körperliche und psychische Stabilität und Leistungsfähigkeit fördern.

Coca Cola

Nicht wenige weiße Getränkehersteller haben von den Rezepturen der alten indianischen Tonika profitiert. Einer der ersten war 1885 ein Apotheker aus Atlanta, John S. Pemberton, der »Erfinder« von Coca Cola. Er propagierte die Urform dieses Getränks als »French Wine of Cola, an Ideal Tonic« und empfahl es zur raschen Kräftemobilisierung und als hilfreich gegen Kopfschmerzen.

Wichtigster Wirkstoff war ein Extrakt aus Cocablättern. Erst als Coca Cola schon weltweit Verbreitung gefunden hatte, beanstandeten die US-Gesetzgeber die ursprünglichen Rezepturen mit der Begründung, Coca sei eine indianische Drogenpflanze und habe als solche nichts in einem Erfrischungsgetränk verloren. Daraufhin ersetzte sie die Gesellschaft durch Koffein.

Root Beer

Eine sehr ähnliche Geschichte hat das weit verbreitete amerikanische »Root Beer«. Zu Kolonialzeiten braute man es aus zahlreichen indianischen Heilpflanzen, darunter Sassafras, Wintergrün und Birkenöl. Heute bestimmt das US-Drogengesetz auch über die Zusammensetzung von Root Beer. Sassafras ist dafür nicht mehr zulässig.

Indes stammen noch immer zahlreiche international verbreitete Erfrischungsgetränke wie Ginger Ale, Tonic Water oder Cream Soda aus den USA und enthalten alte indianische Pflanzentonika wie Capsicum, Jamaica-Ingwer, Vanille und Sarsaparille.

Alkoholische Getränke

Bei weitem nicht alle indianischen Völker kannten ursprünglich alkoholische Getränke. Verbreitet waren und sind diese aber im Süden der heutigen USA, von Florida bis an die Westküste, und auch in Mittelamerika.

Herstellung

In Mexiko und in den südwestlichen Staaten der USA stellen die Indianer fermentierte Getränke aus zahlreichen einheimischen Pflanzenteilen und Früchten her. Sie verwenden dazu z. B. Agaven (»Maguey«), Nopal, bestimmte Bohnenarten (»Mesquite«), wilde Weintrauben, Honig, Kiefernrinde, Manzanita-Beeren, die Früchte von Kandelaberkakteen (»Saguaro«) und Maiskörner.

Auch vor dem »Feuerwasser« des Weißen Mannes kannten die Indianer alkoholische Getränke. Dennoch gab es unter den Indianern kaum Suchtkranke. Der Alkohol wurde als Tonikum genutzt, nicht als Rauschmittel missbraucht.

54

In Mexiko und Arizona beherrschen die Indianer auch das Al-koholbrennen. Sie erzeugen auf diese Weise u. a. die Agaven-schnäpse Mescal, Tequila und Sotol.

Verwendung

Verwendet werden all diese Getränke primär nicht als Rausch-mittel, sondern in kleinen Mengen als Nerventonika und Im-munsystemstimulanzien, darüber hinaus aber auch als Lösungs-mittel für Extrakte aus anderen Heilpflanzen, deren Wirkstoffe sich in Wasser allein nicht oder nur schwer lösen.

Adstringierende Wirkstoffe

Weltweit spielen in der Phytotherapie Pflanzen eine große Rolle, deren Blätter, Rinde, Wurzeln oder Früchte Tannin oder ver-wandte adstringierende (zusammenziehende) Eigenschaften besitzen. Mit ihnen lassen sich u. a. Durchfallerkrankungen so-wie innere und äußere Blutungen erfolgreich behandeln.

Die Indianer kennen zahlreiche solche Pflanzen, darunter wilde Geranienarten, Lorbeerfrüchte, Sumach, Hemlock-, Eichen- und Dattelpflaumenrinde.

Der Name der Jala-pe-Pflanze kommt von Xalapa, einem Ort an der Golfküste, in dem die Pflanzen-droge vorwiegend ge-handelt wurde.

Abführdrogen

Die Indianer wissen um zahlreiche pflanzliche Abführmittel, be-nutzen diese aber keineswegs nur zur Behebung von Verstop-fungen. Die Anregung des Darms und die Entgiftung des ge-samten Organismus sehen sie zutreffend auch als probates Mittel z. B. bei Vergiftungen, bei Wurmerkrankungen, fiebrigen Infektionen und manchen Formen venöser Beschwerden.

Zu den bekanntesten indianischen Abführdrogen zählen die Rinde des Amerikanischen Faulbaums (Cascara sagrada), die Wurzeln des Maiapfels (Podophyllum), der »indianische Rha-barber« (auch bekannt als Mechoacana oder Jalape, botanisch Exogonium purga). Sie alle fanden auch Eingang in den Medi-zinschatz des Weißen Mannes.

Brechmittel

Brechmittel hatten in der alten indianischen Pflanzenheilkunde eine besondere Bedeutung. Die Medizinmänner sahen im Über-geben und auch in der Stuhlentleerung, die durch Abführdro-gen forciert wurde, nicht nur Wege zur Reinigung von Magen und Darm, etwa bei Vergiftungen, sondern auch Wege zur Blutreinigung. Diese Auffassung hat in der Tat einige Berechtigung. Außerdem glaubten sie, durch Übergeben könne man gleichsam den Geist einer Krankheit oder sogar einen Fluch aus dem Körper befördern.

Brechreiz fördernde Pflanzen

Zu den wichtigsten indianischen Brechmitteln (Emetika) zählen in Südamerika die Wurzeln und die Rinde von Ipecacuanha (Cephaelis ipecacuanha) und in Nordamerika die Amerikanische Nieswurz (Veratrum viride). Neben diesen beiden kennen die Indianer Dutzende anderer Brechreiz fördernder Pflanzen.

Die indianischen Heiler beherrschen neben der Heilung und Vorbeugung innerer Erkrankungen auch verschiedene Aspekte der Zahnheilkunde, der Diätetik, der Hygienelehre und der ersten Hilfe.

Fiebermittel

Wie die meisten Naturvölker begrüßen die Indianer Fieber als eine natürliche Maßnahme des Körpers, selbst mit Krankheitserregern fertig zu werden. Deshalb fördern sie es gelegentlich auch in Schwitzbädern. Allerdings wissen sie natürlich um die Gefahren, die wirklich hohes Fieber mit sich bringt (Gerinnung von Körpereiweißen und damit vor allem Hirnschäden bis hin zum Tod). Und natürlich setzen sie sich auch pharmazeutisch mit den verschiedenen Arten von Tropenfiebern wie z. B. der Malaria auseinander.

Chinin

So ist das erste bedeutende Malariamittel, das Chinin, eine indianische Entdeckung. Südamerikanische Indios verwendeten die Rinde des Chinarindenbaums (Cinchona pubescens) zur Heilung von Malariakranken.

Die Jesuiten, die sich von den Indios schon früh von den hilfreichen Kräften dieser Rinde überzeugen ließen, brachten sie im Jahr 1642 nach Europa. Hier wurde sie rasch zum Zankapfel in Glaubensauseinandersetzungen. Im protestantischen England, das die Jesuiten bekämpfte, bezeichnete man die Chinarinde als Rinde der satanischen Papisten und verbot kurzerhand ihren Gebrauch.

Oliver Cromwell wurde diese religiöse Verteufelung der Pflanzendroge zum Verhängnis. Bei einer heftigen Malariaerkrankung weigerte er sich, sie einzunehmen und starb. Zur selben Zeit infizierte Landsleute Cromwells ließ das Chinin dagegen wieder gesunden.

Nordamerikanische Fiebermittel

In Nordamerika, wo der Cinchona-Baum nicht wächst, kennen die Indianer andere Pflanzendrogen gegen fiebrige Erkrankungen. Allerdings sind die meisten davon etwas schwächer in der Wirkung als das Chinin. Zu ihnen gehören die Rinden von Hartriegel, gelber Pappel und wilder Kirsche sowie das Kraut der Amerikanischen Flockenblume. Auch Wurzelabkochungen (z.B. Zizia aurea und Verbesina virginica, Astragalus caroliniana) wurden und werden vielfach verwendet.

Innere Erkrankungen

Die Fülle gezielter und wirksamer Behandlungsmethoden innerer Krankheiten durch indianische Heiler – vorwiegend mit pflanzlichen Drogen – ist gewaltig.
Die folgenden Krankheiten konnten Indianer erfolgreich heilen:

- Tumoren und Abszesse
- Diabetes (vor der europäischen Invasion unbekannt)
- Erkrankungen des Verdauungsapparats
- Wassersucht (vor Kolumbus kaum bekannt)
- Epilepsie (vor Kolumbus unbekannt)
- Verschiedene Augenleiden
- Fiebrige Erkrankungen und Infektionen generell
- Gicht (bei den westlichen Stämmen Nordamerikas unbekannt)
- Atemwegserkrankungen
- Rheumatismus und Arthritis (bei den Indianern konstitutionsbedingt verbreitet)
- Erkrankungen der Harnwege
- Geschlechtskrankheiten (Syphilis, Gonorrhö, durch die weißen Siedler eingeschleppt)
- Allergien (vor Kolumbus unbekannt)
- Offene Verletzungen und Verbrennungen
- Knochenbrüche
- Verrenkungen und Zerrungen
- Insekten- und Schlangenbisse
- Hautleiden
- Kreislaufleiden
- Blutungen

Die indianischen Medizinmänner kennen die Anwendung heilender Bäder einschließlich Dampfbäder und die Nutzung von Heilquellen. Im Fall ernsthafter Infektionen arbeiten sie außerdem mit Quarantänemaßnahmen, um die Ausbreitung von Seuchen zu verhindern.

Erfahren sind die indianischen Heiler auch im ärztlichen Umgang mit Frauenleiden, Impotenz und Unfruchtbarkeit beider Geschlechter, Schwangerschaft und Geburt, Empfängnisverhütung, Abtreibung bei Risikoschwangerschaften, Säuglings- und Kinderheilkunde.

Ob die nordamerikanischen Indianer den Aderlass selbst entdeckten oder erst durch weiße Siedler kennen lernten, ist umstritten. Sicher ist, dass auch sie ihn mancherorts noch heute praktizieren.

Sonstige Heilmethoden

Aderlass

Nicht alle Indianerstämme praktizierten den Aderlass; wo er aber bekannt war, schätzten ihn die Medizinmänner hoch. Das gilt mit Sicherheit für Mittel- und Südamerika, d.h. für die Reiche der Azteken und Inkas.

Anwendung

Angewandt wurde der Aderlass in Mittel- und Südamerika eher zur Erleichterung als zur Heilung. Man bediente sich seiner gegen Schmerzen im Allgemeinen und Kopfschmerzen im Besonderen, gegen Schwellungen verschiedener Ursache, bei Entzündungen und bei Fieberanfällen.

Geöffnet wurden die Adern mit speziellen Steinmessern, Stachelschweinstacheln und bestimmten Pflanzendornen. Eine besondere Art des Aderlasses hatten die Indianer im Gebiet von Panama entwickelt: Sie schossen mit kleinen Pfeilen auf die Haut des Patienten.

Kauterisation und Moxa

Kauterisation ist der medizinische Ausdruck für die gezielte Gewebeverletzung durch Verbrennen oder durch Ätzmittel. In der abendländischen Medizin verwendet man heute praktisch nur noch die verwandte Elektrokoagulation oder Elektrokaustik, bei der das Gewebe, das behandelt werden soll, mittels hochfrequenter Wechselströme zerstört wird. Die Methode wird u.a. zur Blutstillung, Abtragung von Tumoren, zur gezielten Entfernung unheilbarer kranker Organe oder zum Fixieren einer vom Augenhintergrund abgelösten Netzhaut angewandt. Heilpraktiker und Naturärzte bedienen sich daneben oft noch des Cantharidenpflasters, das mit einem auf der Haut stark Blasen treibenden pflanzlichen Wirkstoff präpariert ist. Sie behandeln damit u.a. rheumatische Beschwerden und Gelenkentzündungen.

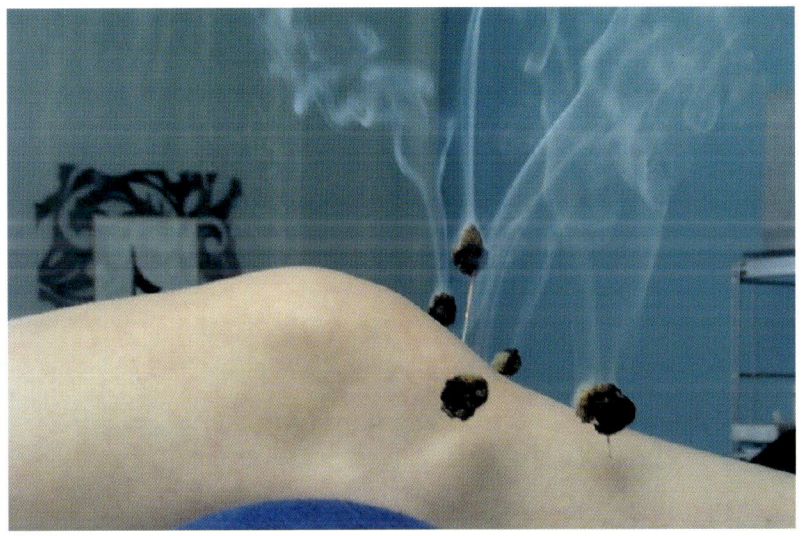

Die Indianer benutzen Heilpflanzen auch zur sogenannten Moxabustion. Hierbei werden Akupunkturpunkte auf der Haut mit der Hitze glimmender Kräuterdrogen behandelt.

Indikationen

Ganz ähnliche Indikationen gelten für die indianische Kauterisation. Viele südamerikanische Stämme heilen durch Brennen mit bestimmten Hölzern ebenfalls Rheumaleiden und innere Entzündungen, darüber hinaus aber auch Magenprobleme, Milzbeschwerden und Hüftleiden.

Bei der indianischen Kauterisation wird ein »Touchwood« (»Berührholz«) gewählt, meistens geschnitzt aus einem holzigen Auswuchs der amerikanischen schwarzen Birke, der Eiche oder des Hickory-Baums, zuweilen aber auch der dicke holzige Schaft bestimmter Rohrgräser.

Ein Ende des Touchwoods wird zugespitzt, entzündet und zum Glühen gebracht und dann auf die Haut der zu behandelnden Körperpartie gedrückt. Manchmal dringt das rot- bis gelbglühende Holz weit in das Bindegewebe ein und wird anschließend noch glühend darin herumgedreht. Fast immer bleiben bei dieser schmerzhaften Prozedur lebenslang Narben zurück. Als heilsam erweist sie sich jedoch.

Moxa

Eine andere Praktik ist das Moxen. Hierbei wird ein Zweigstück einer geeigneten Pflanze mit einem Ende an der Haut des Patienten locker befestigt, z.B. mit Wasser oder Speichel. Danach zündet man das andere Ende an und lässt das Hölzchen vollkommen abbrennen.

Die brennenden Enden von Rohrgräsern pressen die Indianer meist nicht unmittelbar auf die Haut des Patienten. Sie legen ein dünnes feuchtes Lederstück dazwischen. Dennoch: Die Hitze ist so groß, dass auch in diesem Fall Brandnarben zurückbleiben.

Diese Methode wenden in jüngster Zeit auch mehr und mehr Naturheiler in Europa an, wobei sie allerdings eigens dafür hergestellte Moxa-Kegel oder Moxa-Stäbe benutzen, die aus getrockneten Heilkräutern verpresst sind.

Auch lassen sie das Material nicht völlig abbrennen, sondern nur so weit, bis die sich langsam der Haut nähernde Hitze für den Patienten unerträglich wird. Europäer haben nun einmal eine weitaus niedrigere Schmerzschwelle als Indianer.

Schröpfen

Im Jahr 1700 berichtete der Jesuitenpater Jacques Gravier entsetzt über Heilpraktiken der Houmas, eines früheren Stammes in Virginia: »Alles was sie für ihre Kranken tun, ist, sie zu saugen, bis Blut kommt. Ich sah einen in den Händen der alten Medizinmänner; jemand pfiff und spielte auf einer Kalebasse, ein anderer saugte, der dritte sang den Gesang des Krokodils, dessen Leder ihm als Trommel diente.«

Aus Berichten wie diesem resultierten die vielen Missverständnisse der Weißen bezüglich indianischer Medizinpraktiken. Pfeifen, Singen und Trommeln sind nichts anderes als der spirituelle oder – wenn man so will – der psychotherapeutische Beitrag zur Heilung, während der saugende Medizinmann das bewerkstelligte, was in Europas Heilkunde als Schröpfen bekannt ist und auch heute wieder zunehmend in den Praxisräumen von Heilpraktikern und Ärzten für Naturheilkunde angewandt wird.

Verfahren

In der modernen europäischen Medizin benutzt man für die Prozedur des Schröpfens meist so genannte Schröpfköpfe. Hier greift die abendländische Medizin auf ein Verfahren zurück, das bereits im Mittelalter bekannt war.

Die Schröpfköpfe – Glocken aus Glas oder Gummi – werden auf die Haut aufgesetzt und an eine Vakuumpumpe angeschlossen. Auf diese Weise wird aus dem Körper durch Unterdruck Blut in die Haut gezogen. Die alten Praktiken der indianischen Medizinmänner sind eine Vorstufe dessen.

Manchmal saugten die indianischen Heiler unmittelbar mit dem Mund durch die Haut, oft kauterisierten sie die Saugstellen zuvor, und bei vielen Stämmen benutzten sie zum Saugen hohle Knochen, Tierhörner, Kalebassen und Röhrchen aus Stein oder Holz.

Auch die feuerlose Kauterisation (vergleichbar dem Cantharidenpflaster und anderen »Zugpflastern« der abendländischen Medizin) ist ursprünglich eine indianische Entdeckung. Bekannt ist sie vor allem von den Otomi im nördlichen Mexiko, die verschiedene kaustisch wirkende Kräuter kennen und benutzen.

Anwendung

Angewandt wurde das Schröpfen vor allem bei örtlichen Vergiftungen, z. B. durch einen Schlangenbiss oder eine infektiöse Verletzung. Auch Eiter und unter die Haut geratene Fremdkörper entfernten die Medizinmänner auf diese Weise. Daneben aber schröpften sie auch, um Kranke zu heilen, die unter Ohnmachten oder Krampfanfällen litten.

Klistiere

Die Praxis, Kranken Klistiere zu verabfolgen und sie auf diese Weise über den Darm zu heilen, ist weltweit verbreitet und hat sich sehr wahrscheinlich auf den verschiedenen Kontinenten unabhängig voneinander entwickelt. So auch in Amerika.

Im alten Europa und Schwarzafrika blies man den Patienten früher die Klistierflüssigkeit direkt oder durch ein Röhrchen aus dem damit gefüllten Mund in den After. Die ersten, die nachweislich Klistierbällchen aus Gummi verwendeten, waren mittelamerikanische Indianerstämme. Auch Tierblasen, an einem Stück Schilfrohr befestigt, waren mancherorts üblich.

Anwendung

Behandelt wurden in ganz Amerika mit Klistieren Krankheiten wie Verstopfung, Durchfall und Hämorrhoidalleiden. Als Einlaufflüssigkeiten verwendete man verschiedene wässrige Kräuterextrakte, aber auch Wein (bei den Azteken) und narkotisch wirkende Säfte (in Südamerika). Bei Ruhrerkrankungen verabfolgte man Klistiere von in Wasser oder Säften aufgeschwemmten festen Substanzen, etwa zerstoßenen Agavenblättern, frisch zermahlener Pfefferminze, oder man verwendete einen Brei aus Wasserschlauchpflanzen.

Rauchbehandlung

Die so genannte Fumigation, also die Behandlung eines Patienten mit dem Rauch schwelender Pflanzenteile, fand in die Heilkunde des Weißen Mannes bis vor kurzem kaum Eingang. Heute, im Rahmen einer generellen Besinnung auf sanftere als chemotherapeutische Heilmethoden, gewinnt sie aber auch in Europa mehr und mehr Anhänger.

Hier bewährt sie sich vor allem wohltuend für die Psyche. So sind heute Räuchermischungen im Handel, die die Konzentration fördern, die allgemein beruhigen, die Lebenskraft und Elan

In Europa wird als beinahe einzige Rauchbehandlung der Weihrauch seit Jahrtausenden zu kultischen Zwecken verwendet. Er hat jedoch nicht nur in religiösen Zeremonien seinen Platz; er hat auch eine entzündungshemmende, schmerzstillende und allgemein beruhigende Wirkung auf Körper und Geist.

61

bringen, die sich zum Erlangen meditativer Stimmungen eignen u. v. a. m. Nicht wenige Hersteller greifen dabei auf alte indianische Rezepturen zurück.

Anwendung

Vor allem die Navaho und andere westliche Indianerstämme behandeln mit Räucherwerk aber auch körperliche Probleme, z. B. Atemnot, rheumatische Erkrankungen, Kopfgrippe und Kopfschmerzen. Zu den wichtigsten Räuchersubstanzen gehören Zedernnadeln, Salbei, Wacholder, der prickly-pear-Kaktus (eine weit verbreitete, sehr stachelige Opuntienart) und Echinacea angustifolia, die heute auch in zahlreichen, das Immunsystem stärkenden Präparaten der europäischen Medizin enthalten ist.

Die Azteken massierten Patienten mit Prellungen, Verstauchungen und ähnlichen Unfallverletzungen gerne in Dampfbädern, wo die Muskulatur besonders entspannt ist.

Massage

Sowohl die Indianer Süd- wie auch Mittel- und Nordamerikas kennen von alters her wirksame Massagetechniken. In Peru war die Massage noch vor einem Jahrhundert die erste Maßnahme, die man bei praktisch jeder Art von Krankheit ergriff. Dabei ging es nicht nur um rein mechanische Techniken; der Medizinmann massierte auch bestimmte Wirkstoffe in die Haut ein.

Bei den Inkas waren das oft Seealgen- und Baldriansalben. In Peru verwendete man gut durchgekaute, gummiartige Baumharze, die man im Nabelbereich und beidseits der Wirbelsäule einmassierte. Besonders bewährt hat sich diese Behandlung bei rheumatischen Erkrankungen und Hexenschuss.

Der prickly-pear-Kaktus mit seinen eindrucksvollen Stacheln wird vorwiegend als Räucherpflanze angewendet. Er lindert Kopfschmerzen und rheumatische Beschwerden.

Psychotherapie

Aufgrund der naturverbundenen Lebensweise der Indianer, die in jeder Hinsicht nach Harmonie strebt, waren psychische Erkrankungen vor der Invasion durch den Weißen Mann äußerst selten. Das jedenfalls ist die generelle Auffassung der meisten Ethnologen und der modernen Ethnomediziner. Ich persönlich bezweifle, dass das zutrifft. Im Gespräch mit Schamanen erfuhr ich anderes.

Sie berichteten, dass es im indianischen Kulturkreis – wie in jedem anderen – sehr wohl einschneidende traumatische Ereignisse im menschlichen Leben gibt. Würden diese nicht behandelt, könnten sie zu schweren und dauerhaften psychischen Schäden führen. Die meisten Stammesvölker kennen dafür sogar eine Bezeichnung: »Seelenverlust«.

Traumatische Erlebnisse

Der gravierende Unterschied zur europäischen Praxis liegt darin, dass man im indianischen Kulturkreis nach einem Unfallschock, nach dem Verlust eines geliebten Menschen, nach einem schweren Kindheitstrauma usw. nicht erst wartet, bis der Betroffene äußerlich psychisch auffällig wird, denn das kann mitunter viele Jahre dauern.

In Stammesvölkern lässt man den von einem Trauma Betroffenen zunächst einmal einige Tage oder auch Wochen in Ruhe und wartet ab, ob er aus sich selbst heraus wieder psychische Stabilität erlangt.

Ist das nicht der Fall, dann ruft man sofort einen geschulten Heiler zu Hilfe, meist einen Schamanen. Der arbeitet dann mit Verfahren, wie sie heute zum Teil auch die moderne europäische Psychotherapie kennt.

Dazu gehören etwa Traumanalysen und Traumarbeit, Klangtherapie, hypnotische und suggestive Techniken, Kreativitätstraining oder auch schamanische Reisen (in ansatzweise ähnlicher Form dem modernen Psychotherapeuten als »katathyme Bilderschau« geläufig).

Nur nennt der Indianer diese Praktiken anders, denn im Gegensatz zum symptomatischen Denken europäischer Psychotherapeuten arbeitet er nicht auf einer vordergründigen Verstandesebene, sondern kommuniziert unmittelbar mit der Seele seines Patienten. Hier hat der Weiße Mann den wohl noch größten Lernbedarf.

Die Pawnees behandelten Koliken durch sanftes Einmassieren einer Salbe aus pulverisiertem Klappertopfsamen (Baptisia bracteata) in Büffelfett.

Bei den Chirokesen verschaffte Massage Erleichterung auch bei Menstruationsschmerzen. Daneben waren zahlreiche andere Massageanwendungen gebräuchlich.

63

Chirurgie und Anatomie

Der Zugang zu anatomischen Kenntnissen und damit zu den Grundlagen der Chirurgie war für die Indianer ein völlig anderer als für den Weißen Mann. Niemals wäre ein Indio auf den für ihn gänzlich absurden Gedanken verfallen, menschliche Leichen zu sezieren, um systematisch ihre inneren Organe zu erforschen. Indes eignete er sich vergleichbares Wissen beim Zerlegen seiner Jagdbeutetiere an.

Wohl alle Indianerstämme wissen seit Jahrhunderten, dass die Lunge der Atmung dient, das Herz den Blutkreislauf aufrecht erhält und dass ein Versagen der Nieren unweigerlich den raschen Tod mit sich bringt. Auch die Bedeutung des Gehirns als Sitz des Denkvermögens und wichtigstes Steuerungsorgan für nahezu alle Lebensfunktionen war den Indianern schon vor Kolumbus bekannt.

Als 1553 der spanische Arzt Miguel Serveto den Lungenblutkreislauf entdeckte, galt er aufgrund seiner anatomischen Arbeit als Ketzer und wurde auf Veranlassung Johannes Calvins auf dem Scheiterhaufen verbrannt.

Europäische Anatomiekenntnisse

Uns mögen diese Erkenntnisse heute banal erscheinen, aber es gilt zu bedenken, dass die europäischen Mediziner große Teile dieses Wissens erst weitaus später als die Indianer erwarben.

Noch als 1628 der britische Arzt William Harvey als Erster detailliert die Funktion des Herzes und des Blutkreislaufs generell beschrieb, reagierten seine Fachkollegen zunächst äußerst skeptisch oder gar ablehnend.

Trotz vorhandener guter anatomischer Grundkenntnisse hatten die Indianer im Allgemeinen nicht viel mit Chirurgie im Sinn. So war ihnen die Amputation von Gliedmaßen fremd.

Das lag aber nicht daran, dass indianische Medizinmänner dazu nicht in der Lage gewesen wären, denn Kriegsgefangenen entfernten sie sehr wohl auf chirurgischem Weg Teile ihrer Füße, um sie für immer ihrer gesunden Bewegungsfreiheit zu berauben. Dabei versorgten sie die Operationswunden steril und beschleunigten die Heilung z. B. durch Hauttransplantationen.

Sogar über die komplikationslose Zurückverpflanzung eines abgerissenen Skalps auf den Kopf eines Verletzten gibt es zuverlässige Berichte.

Notwendigkeit chirurgischer Maßnahmen

Warum Gliedmaßen praktisch nie amputiert wurden, hat vornehmlich einen anderen Grund als den der Unfähigkeit zu diesem Eingriff: Die Indianer verstanden es, selbst schwerste Verletzungen, Quetschungen, komplizierte Knochenbrüche, aber auch Infektionen, Wundbrand, Tetanie u.a. zu behandeln und dadurch die Gliedmaßen zu erhalten.

Am wohl eindrucksvollsten sind die gut dokumentierten Fälle von Schädelchirurgie (Trepanation) im vorkolumbischen Amerika. Untersuchungen an Skelettfunden besonders aus Peru, den heutigen USA und Kanada belegen eindeutig, dass Patienten nach chirurgischen Schädelöffnungen weiterleben konnten und wieder gesund wurden.

Heutige Ethnomediziner sind überzeugt, dass diese Eingriffe unter Narkose durchgeführt wurden, und dass die indianischen Chirurgen dazu Kokain, Peyote und andere pflanzliche Anästhetika verwendeten.

Indianer versorgten schwere und tiefe Wunden chirurgisch, indem sie Gewebeteile entfernten, die Wunden desinfizierten, Haut darüber spannten und diese vernähten.

Asepsis

Geradezu erstaunlich sind die Kenntnisse indianischer Medizinmänner auf dem Gebiet der Asepsis und Antisepsis. Das gilt sowohl für die sterile Arbeitsweise bei Operationen wie für die generelle Wundversorgung und auch für solche Vorgänge wie Kindsgeburten oder Tätowierungen.

Die Vorkehrungen reichen dabei von der Verwendung abgekochten Wassers zum Wundreinigen bis hin zum Einsatz von keimtötenden Substanzen wie z.B. Schimmelpilzen, nicht näher bekannten, in Wasser gelösten Pflanzendrogen und – nach der Invasion des Weißen Mannes – sogar Schießpulver.

Eine der wichtigsten aseptischen Drogen der südamerikanischen Indios war und ist der aus dem Baum Myroxylon pereirae gewonnene Perubalsam, eine Substanz, die noch heute auch in europäischen Wundsalben Verwendung findet.

Zahlreiche frühe Quellen berichten, dass indianische Medizinmänner weiße Siedler ohne Amputation erfolgreich behandelten, obwohl die weißen Ärzte die Gliedmaßen als unrettbar ansahen.

Krankenhäuser

Lange vor der Ankunft des Weißen Mannes verfügten alle größeren Städte in Mittel- und Südamerika über Krankenhäuser, die von den Regierungen eingerichtet wurden.

In diesen Krankenhäusern kümmerten sich Ärzte, Chirurgen und Krankenschwestern, die mit allen indianischen Heilmethoden vertraut waren, um Patienten, die eine stationäre Behandlung nötig hatten, oder auch um solche Kranke, die zu arm waren, um aus eigener Tasche die Dienste eines Medizinmannes entgelten zu können.

Zauber-
drogen – Pflanzen
der Götter

So paradox es klingen mag: Schamanen wenden Heilpflanzen nicht bei ihren Patienten, sondern in der Regel bei sich selbst an. Durch sie treten sie in Kontakt zu ihren spirituellen Helfern, die sie über das Wesen der jeweiligen Krankheit aufklären und ihnen raten, was dagegen zu tun sei. Heilpflanzen werden zu Zauberpflanzen, zu Pflanzen der Götter, die dem Heiler Visionen eröffnen. Auch die psychoaktiven Substanzen einiger indianischer Zauberdrogen haben Eingang in Experimente der europäischen Medizin gefunden. Vor Selbstversuchen sei jedoch ausdrücklich gewarnt: Wer sich psychisch labil oder unvorbereitet auf ein solches Experiment einlässt, ist der Suchtgefahr oder anderen Folgeschäden ausgesetzt.

Heilpflanze oder Suchtdroge?

Schamanische Heilpflanzennutzung

Den phytotherapeutischen Behandlungen durch indianische Medizinmänner und schamanische Heilmethoden liegen zwar, wie schon ausführlich erläutert, grundsätzlich verschiedene Konzepte zugrunde; es wurde aber auch betont, dass sich in der Praxis beide Richtungen vielfältig ergänzen und ineinander greifen können.

So kann schamanische Arbeit die Tätigkeit von Pflanzenheilern begleiten, um den Patienten ganzheitlich zu kurieren. So kann andererseits auch der Phytotherapeut selbst auf schamanischem Weg die für eine bestimmte Heilanwendung erforderliche Pflanze bestimmen, oder der Schamane bekommt von seinen spirituellen Helfern gesagt, dass er in diesem oder jenem konkreten Fall mit Drogenpflanzen heilen soll.

Wer selbst schamanisch arbeiten will, muss sich auf die spirituelle Suche nach seiner Medizinpflanze machen, seinem pflanzlichen Heilhelfer.

Schamane und Pflanzenheiler in Konkurrenz

Nicht immer aber gibt es bei den kulturell außerordentlich vielfältigen Indianerethnien diese gleitenden Übergänge und dieses Miteinander. Bei manchen Stämmen stehen Pflanzenheiler und Schamanen in Konkurrenz zueinander, bei anderen beherrscht die Phytotherapie die Heilkunde so stark, dass vor diesem Hintergrund schamanische Techniken verblassen.

Andererseits gibt es Stämme, bei denen die Arbeit der Schamanen dominiert und bei denen die applikationsspezifische Pflanzenheilkunde kaum eine Rolle spielt. Zu diesen Stämmen gehören u.a. die Lakandonen, die im südmexikanischen Urwald leben, und die mexikanischen Bergvölker der Huichol und der Tarahumara.

Die Heilpflanze als Zauberpflanze

Zwar verfügen solche Völker generell über kein umfangreiches phytotherapeutisches Wissen, ihre Schamanen bedienen sich aber dennoch verschiedener »Heilpflanzen«. Diese besitzen hier jedoch weitaus stärker den Charakter von Zauberpflanzen.

Der besser bekannte Name der Lophophora-Pflanze lautet Peyote-Kaktus. Der Kaktus ist eine der wichtigsten psychoaktiven indianischen Zauberpflanzen.

Wohl verstanden: »Zauberpflanzen« im weiteren Sinn sind für die Indianer alle Heilpflanzen, denn sie alle verhelfen kranken Menschen auf wundersame Weise zur Genesung, sie alle sind Geschenke der Götter an den Menschen. Die »Zauber-« oder »Götterpflanzen« der Schamanen im engeren Sinn sind indes all jene Gewächse, die europäische Ärzte heute als Psychopharmaka oder auch als Rauschgifte bezeichnen.

Nicht nur den psychoaktiven Pflanzen schreiben die Indianer eine magische Wirkung zu. Auf ihre Weise besitzen alle Heilpflanzen diese Eigenschaften. Manchmal werden die Pflanzen sogar als Amulette um den Hals getragen.

Sie besitzen im indianischen Kulturkreis einen völlig anderen Stellenwert als etwa in der weißen Gesellschaft Nordamerikas oder in Europa.

Suchtdrogen des Weißen Mannes

Der Weiße Mann hat solche Drogenpflanzen in erster Linie missbraucht und sich von ihnen psychisch und physisch abhängig gemacht. Mehr noch: Drogensyndikate, Parteiideologen, Sektierer, Geheimdienste und Diktatoren haben Drogenpflanzen benutzt, um in geradezu menschenverachtender Weise Macht auszuüben, um Persönlichkeitsstrukturen von Zeitgenossen zu zerstören, die ihnen unliebsam waren, um Willen zu brechen, Soldaten fügsam für Kriegseinsätze zu machen oder Geständnisse zu erpressen. Sie haben sie sogar als Psychokampfstoffe missbraucht, um damit Befehlshaber und Truppen des Gegners außer Gefecht zu setzen.

Haltlos gewordene oder ganz einfach in die Drogenszene »hin-eingeschlitterte« Jugendliche und Erwachsene wenden sich in den USA, Europa und anderen so genannten hoch zivilisierten Ländern Rauschdrogen zu, um ihrem glanz- und hoffnungslo-sen Alltag zu entfliehen. Die Palette der Drogenopfer reicht vom industriegesellschaftlichen Konsummenschen bis zum reizüber-fluteten und deshalb selbst antriebslosen Überflussbürger, vom vereinsamten anonymen Großstädter bis zum Arbeits- und Ob-dachlosen.

Manchmal geschieht das auch »nur« deshalb, weil diese Men-schen andere psychische Erfahrungen (Liebe, Freude, Kreati-vität, religiöse Spiritualität, Hingabe usw.) nicht kennen.

Der falsche Umgang mit Risiken

Auch scheinen die Scharen moderner Vollkaskomenschen, die existenziell scheinbar nichts mehr bedroht, in Drogen einen Nervenkitzel und ein Spiel mit jenem unkalkulierbaren Risiko zu suchen, das ein evolutionär entstandenes Lebewesen instink-tiv braucht, um sich selbst als stark und überlebensfähig zu be-greifen.

Ein starker Lebenswille hat immer auch etwas mit dem Umgang mit Risiken zu tun. In einer gesunden Gesellschaft sind diese Ri-siken allerdings kalkulierbar, und der Mensch kann kaum noch eigenverantwortlich handeln. Sich ersatzweise Drogenabenteu-ern zu überlassen, ist ein Irrweg, der die Lebenskraft nicht stärkt, sondern schließlich völlig vernichtet.

Der Weiße Mann hat es nicht gelernt, verantwortungsvoll mit Drogenpflanzen umzugehen. Wer die Geschenke der Götter missbraucht, würden die Indianer sagen, den bringen sie um.

Pflanzliche Verbündete des Indianerschamanen

Vollkommen anders benutzen Indianer ihre psychoaktiven Part-ner aus dem Pflanzenreich. Sie begegnen ihnen mit Liebe und Ehrfurcht und werden sie niemals als so etwas wie eine Hinter-tür benutzen, um durch diese ihrem Alltag zu entfliehen.

Um diese Zusammenhänge zu verstehen, ist es gut, wenn man die Philosophie der indianischen Schamanen und Medizinmän-ner im Hinblick auf diese Gottesgeschenke kennt. Der interna-tional renommierte deutsche Phytopharmakologe und intime Kenner psychoaktiver Pflanzen Hildebert Wagner weist in die-sem Zusammenhang darauf hin, dass von den weltweit etwa

Die dünne Grenzlinie zwischen Gebrauch und Missbrauch ist von den Weißen gna-denlos überschritten worden. Die India-ner haben eine völlig andere Einstellung zu ihren Zauberdro-gen – sie verehren ihre »Götterpflan-zen« als heilig.

800 000 heute botanisch bekannten Pflanzenarten nur ungefähr 60 psychoaktive Substanzen enthalten, und dass von diesen wiederum nur ein Drittel in den verschiedenen globalen Kulturepochen und Kulturkreisen irgendeine Bedeutung erlangten.

Die Götterpflanzen in den Händen weniger

Auch die Indianer sind sich dieser zahlenmäßigen Verhältnisse bewusst. Sie schließen daraus, dass die Götter diese Pflanzen deshalb so rar gemacht haben, weil sie nicht zum Allgemeingut der Menschheit werden sollten.

Stattdessen gehören sie in verantwortungsbewusste Hände und dürfen von diesen nur in geringen Mengen und für gezielte Anwendungen benutzt werden. Das Wissen um viele der psychoaktiven Pflanzen blieb deshalb bei manchen Stämmen lange Zeit wohlbewahrtes Geheimnis der Medizinmänner, Schamanen, Orakelpriester und anderer Eingeweihter.

Auch bei den Ethnien, bei denen die Kenntnisse der Zauberpflanzen Allgemeingut sind, ist der Gebrauch der Pflanzen noch lange nicht universal. So pflücken die Huichol ihre große Götterpflanze, den Peyote-Kaktus, nicht einfach, sie unternehmen unter der Führung dazu berufener Ältester nur zu bestimmten Zeiten des Jahres regelrechte Wallfahrten an Standorte dieser Pflanzen.

Sie ernten sie in einem großen rituellen Akt, der als eine Art heilige Jagd verstanden wird. Die »Jagdausbeute« ist dann auch nicht für jedermann frei zugänglich, sondern wird zwischen sachkundigen Ältesten aufgeteilt, die damit verantwortungsbewusst umgehen. Auf eigene Faust loszuziehen und Peyote-Kakteen zu sammeln, wäre ein Sakrileg, schlimmer als eine Todsünde im Katholizismus.

Die Anwendung der Zauberpflanzen ist vielfältig und von Pflanze zu Pflanze, aber auch von Indianerstamm zu Indianerstamm unterschiedlich.

Zauberpflanzen als Therapeutika

Wenn in Europa von Rauschgiftpflanzen die Rede ist, denkt der medizinische Laie nur selten daran, dass praktisch alle diese Pflanzen zugleich auch bedeutende Phytotherapeutika sind. In die klinische Praxis haben Wirkstoffe aus halluzinogenen Pflanzen indes seit langem Einzug gehalten. Ihre systematische Erforschung begann mit der Erkenntnis, dass Meskalin, die wichtigste psychedelische Substanz des Peyote-Kaktus, zwar in größeren

Dosen Symptome auslöst, die denen mancher Geisteskrankheiten – vor allem der Schizophrenie – ähneln. Dieselbe Substanz, in geringen Mengen verwendet, vermag andererseits jedoch schizophrene Patienten zu heilen. Diese Einsicht leitete die Entwicklung der modernen Psychopharmaka ein.

Leider haben die Ärzte der »zivilisierten« Welt aber bis heute nicht völlig begriffen, dass sie mit diesen Geschenken der Götter weitaus mehr erreichen könnten, wenn sie sie nicht wie alle Chemotherapeutika symptomgebunden verschrieben. Im Sinn einer holistischen Behandlung der lebenden Einheit Geist-Körper-Seele angewandt – wie das im indianischen Kulturkreis geschieht – wären die Zauberpflanzen weitaus nützlicher.

Die Basis moderner Psychopharmaka

Der Erforschung und klinischen Erprobung des Meskalins folgten Untersuchungen psychedelischer Drogen aus anderen indianischen Zauberpflanzen. So gelang es, aus der tropischen Liane Ayahuasca das Harmin zu isolieren, den ersten antidepressiv wirkenden so genannten MAO-Hemmer.

Diese Stoffgruppe wirkt, indem sie der Eigenschaft des körpereigenen Enzyms Monoaminoxidase entgegentritt: Sie verhindert den Abbau von Neurotransmittern. Dadurch wird die Zersetzungsrate des ebenfalls körpereigenen, beruhigend wirkenden Serotonins drastisch verringert. Zugleich erwies sich der MAO-Hemmer Harmin als erster Wirkstoff gegen die Parkinsonsche Schüttellähmung.

Psychoaktives Hauptalkaloid des Peyote-Kaktus ist das Meskalin. Angelehnt an seine chemische Struktur entwickelte die pharmazeutische Industrie das LSD.

Die Entwicklung der ersten Beta-Rezeptorenblocker

Aus den stark halluzinogenen mexikanischen Psilocybe-Pilzen gelang die Isolierung der ersten Beta-Rezeptorenblocker. Sie greifen am Herz an, indem sie dessen Kontraktionskraft herabsetzen, die Herzfrequenz senken, den Sinusknotenrhythmus verlangsamen und die Erregbarkeit des Myokards vermindern. Zugleich drosseln sie, an den Nieren wirkend, die Freisetzung von Renin. An der glatten Muskulatur erhöhen sie den Muskeltonus, und auch an den Skelettmuskeln, der Leber und der Gebärmutter greifen sie an. Insgesamt bewirken sie eine Senkung zu hohen Blutdrucks, sind hilfreich bei Erkrankungen der Herzkranzgefäße und bei Herzrhythmusstörungen. Außerdem mindern sie Stresssymptome und Angstgefühle.

Die Wirkungen des Peyote

Die indianischen Heiler verwendeten ihre Zauberpflanzen phytotherapeutisch bei sehr ähnlichen Indikationen. So erkannten z. B. die Azteken und die Huichol den Peyote-Kaktus als kreislaufwirksam.

Sie verordneten ihn als Fiebermedizin und herzstärkendes Mittel. Vor allem ist er aber ein Mittel gegen Kopfschmerzen, Nervenschwäche, Neuralgien, generellen Kräftemangel und Erschöpfungen sowie gegen zahlreiche seelisch bedingte Krankheitszustände. Genau hier liegen auch die »modernen« europäischen Anwendungen.

Der Peyote-Kaktus ist relativ klein und hat charakteristischerweise keine Stacheln. Er wächst in der Wüste des nördlichen Mexiko und in eigens angelegten Gärten im Süden der USA.

Schnellere Heilung mit Stechapfel

Mit Stechapfeltees und anderen Zubereitungen dieser halluzinogenen, hochgiftigen Pflanze befreien indianische Heiler vor allem von Schmerz geplagte Patienten und an der Gicht Leidende von ihren Beschwerden. Zugleich gilt der Stechapfel als probates Mittel zur schnelleren Heilung von Wunden, Prellungen, Verstauchungen und sogar Knochenbrüchen.

In Europa werden Stechapfeldrogen heute ebenso verwendet, darüber hinaus aber auch als Mittel gegen Bronchialasthma. Diese Anwendung musste den Indianern fremd sein, denn Asthma war bei ihnen so gut wie unbekannt.

Auf ähnliche Weise wie die Peyote-Kakteen und den Stechapfel verwenden die Indianer auch viele andere ihrer Zauber- oder Götterpflanzen, niedrig oder sogar homöopathisch dosiert, als Phytotherapeutika.

Schamanische Arbeit und Hellsichtigkeit

Die meisten Zauberpflanzen der Indianer haben ausgeprägt psychedelische Wirkungen, d. h., sie erzeugen stark euphorische, halluzinative oder verwandte Effekte. Dazu gehören bildhafte abstrakte oder auch sehr gegenständliche Visionen ebenso wie akustische oder sensorische Erlebnisse. Oft tritt alles gemeinsam auf.

Erstaunlich ist, dass bei diesen Zuständen das Handlungsvermögen eines erfahrenen Schamanen oder Zauberpriesters meistens nicht entscheidend eingeschränkt wird, wenn er gekonnt mit den Trancezuständen umgeht. Die Drogenanwender können sich nach der halluzinogenen Trance fast immer sehr klar an ihr gesamtes Erleben in diesem Zustand erinnern.

Veränderte Wahrnehmung

Bei alledem verändern die halluzinogenen Pflanzen aber gleichzeitig die Art der Wahrnehmung und auch die Denkweise erheblich. Die Indianerschamanen sind überzeugt, dass sie in solchen Rauschzuständen Kontakte zu spirituellen Helfern und Lehrern finden oder intensivieren können.

Ähnliches bewirken drogenlos arbeitende Schamanen z. B. mit Trance induzierenden Trommelrhythmen. In den Ebenen »nichtalltäglicher«, d. h. rein seelischer »Realität«, in die sich schamanische Drogenbenutzer versetzen, führen sie u. a. Heilungen und Seelenarbeit für ihre Klienten durch. Auf demselben Weg können sie aber auch vielseitig Probleme lösen, visionär Lebenspläne entwickeln, kreativ Aufgaben des Alltags bewältigen und zu tiefen philosophischen oder auch religiösen Einsichten gelangen.

Vorsicht bei Selbstexperimenten

Wer in unserem Kulturkreis zu Selbstexperimenten neigt, sei aber eindringlich gewarnt: All dies ist zwar nachweislich möglich, setzt aber die lange und intensive seelische und psychische Vorarbeit des Drogenanwenders durch erfahrene Schamanen voraus, ebenso wie die intime Kenntnis seines eigenen seelischen Selbst und Erfahrungen im Umgang mit der jeweiligen Pflanze.

Alles andere kann zu erheblichen und nicht selten unheilbaren psychischen und seelischen Schäden führen. Der exzellente Pflanzendrogenkenner und Ethnomediziner Christian Rätsch warnte im Zusammenhang mit dem respektlosen Umgang der Europäer mit halluzinogenen indianischen Pflanzen einmal vor der »Rache der Götter«.

Orakel und Wahrheitsfindung

Manche indianischen Zauberpflanzen stehen von alters her in dem Ruf, Wahrheiten vermitteln zu können. Eine der wichtigsten dieser Art ist Ololiuqui, eine mexikanische Trichterwinde, die den Azteken als coatl-xoxouhqui (»Grüne Schlange«) bekannt war.

Verwendet werden die kleinen, steinharten Samen, aus denen noch heute verschiedene mexikanische Indianerstämme einen berauschenden Trank zubereiten. Sie werden zu Pulver zermahlen und mit vergorenem Agaven- oder Ananassaft vermischt.

Das Ololiuqui gehört zur Familie der Schlingpflanzen. Seine Blätter sind pfeilförmig, weshalb es auch Pfeilkraut genannt wird.

73

Nur in Verbindung mit dem Alkohol entfalten sie ihre Wirkung. Schon früh berichtete der spanische Chronist Hernando Ruiz de Alarcón: »Sie befragen ihn (den Ololiuqui-Samen) wie ein Orakel und halten Zwiesprache mit ihm, um zu erfahren, was sie zu wissen begehren, oft Sachen, die man mit dem menschlichen Verstand gar nicht zu erfassen vermag, wie Verlauf ihres zukünftigen Lebens oder Ort, wo sich verlorene oder gestohlene Gegenstände befinden…«.

Die katathyme Bilderschau ist eine Tagtraumtechnik, bei der sich der Patient unter Anleitung eines Psychotherapeuten bestimmte Bilder vorstellt und seine Empfindungen dabei verbalisiert.

Erforschung der Krankheitsursachen

Auch beim Herausfinden von Krankheitsursachen spielt der halluzinogene Trichterwindensamen eine bedeutende Rolle. Hierzu trinkt der Patient das Drogenpräparat selbst. In tiefer Trance erfährt er dann, welcher Art sein Leiden ist und wie es behandelt werden muss.

Das klingt abenteuerlich, ist aber durchaus plausibel, wenn man daran denkt, wie heute moderne Therapeuten psychosomatische Leiden behandeln. Sie versetzen ihre Patienten in Trancezustände – etwa durch Hypnose oder neuerdings durch katathyme Bilderschau – und bringen sie suggestiv dazu, der physischen Krankheit auf den Grund zu gehen.

Dabei erleben die Patienten zugrunde liegende psychische Traumen bis hin zu schockhaften Geburtserfahrungen in einer Art halluzinatorischer Vision noch einmal und machen sie sich dadurch bewusst. Daraus ergibt sich auch für den medizinischen Heiler ein tiefes Verständnis für organische Krankheitsursachen, das ihm Hinweise auf geeignete Therapieformen geben kann.

Wahrheitsdroge

Weit über die Schau der Regionen des Unbewussten hinaus, die dem Wachverstand normalerweise verschlossen sind, geht dagegen eine andere Verwendung psychedelischer Indianerpflanzen. So wird Ololiuqui als Wahrheitsdroge verwendet, und das nicht nur, um etwa einen Verbrecher und Lügner im Rausch dazu zu bringen, eine Straftat zu gestehen.

Sie wird auch verwendet, um dem Drogenbenutzer Zusammenhänge zu enthüllen, die er selbst nicht einmal in seinem Unbewussten kennen kann. Schamanen trinken Ololiuqui-Zubereitungen, um beispielsweise verloren gegangene Gegenstände Dritter zu finden.

Ob eine derartige »Bewusstseinserweiterung« tatsächlich möglich ist, darüber sind sich die westlichen Wissenschaftler nicht einig. Kausallogisch lässt sich dergleichen gewiss nicht erklären. Dennoch lieferten praktische Experimente mit diversen Drogenpflanzen erstaunliche Ergebnisse.

So legte man amerikanischen Studenten Texte vor, bei denen ein Großteil aller Buchstaben unleserlich gemacht bzw. aus dem Druckbild völlig entfernt worden waren. Die Texte waren so weit entstellt, dass sie sich auch von sehr intelligenten und gut assoziationsbegabten Testpersonen nicht mehr entziffern ließen. Hingegen lasen die meisten Versuchsstudenten unter Meskalin- bzw. LSD-Rausch (LSD ist eine dem Meskalin strukturell nahe verwandte, synthetische Substanz) den Text flüssig vor. Manche von ihnen behaupteten sogar, die fehlenden Buchstabenpartien klar und deutlich sehen zu können.

LSD (Lysergsäure-diäthylamid) entfaltet seine halluzinogene Wirkung bereits bei kleinsten Dosen. Die Reaktionen auf die psychotischen Erscheinungen wie Sinnestäuschungen oder Halluzinationen sind sehr unterschiedlich und reichen von Hoch- über Missstimmungen zu regelrechten Angst- und Panikattacken.

Liebeszauber und Aphrodisiaka

Drogenpflanzen, die dem gezielten Anknüpfen intimer zwischengeschlechtlicher Beziehungen dienen sollen, sind auf der ganzen Welt bekannt. Zu unterscheiden sind dabei grundverschiedene Kategorien. Manche wirken rein pharmazeutisch, nämlich libidofördernd. Sie werden dem begehrten Partner gerne unbemerkt ins Essen gemischt. Das kann praktisch aber nur funktionieren, wenn bereits grundsätzlich ein persönlicher Kontakt besteht und es lediglich darum geht, Scham- oder sonstige Hemmschwellen zu überwinden.

Hat der Wunschpartner indes noch gar keine Wahl getroffen, dann könnte es bei der Verwendung von Aphrodisiaka nur allzu leicht dazu kommen, dass er sich, sexuell stimuliert, umgehend irgendeinem Dritten zuwendet. Hier muss der »Zauber« ein anderer sein, denn er soll gezielt eine Bindung an eine bestimmte Person bewirken. Aber auch das lässt sich durchaus nach europäischem Verständnis »rein chemisch« bewerkstelligen.

Liebeszauber und echter Zauber

Der aktive Partner nimmt die magische Pflanze in diesem Fall selbst ein, um generell – also auch auf seinen Wunschpartner – anziehender zu wirken. Aphrodisiaka können in diesem Fall helfen, eigene Hemmungen zu überwinden und sind deshalb hier natürlich ebenfalls hilfreich. Andererseits kennen manche Ethnien besonders erregend duftende »Lockstoffe«.

Alle bisher als »Liebeszauber« beschriebenen Mittel, seien es Pflanzen oder spezielle Duftstoffe, kennen die Indianer natürlich in vielfältiger Weise. Daneben aber arbeiten sie auch mit »echtem Zauber«, der ohne irgendwelche aphrodisierenden Chemikalien magisch, also rein seelisch wirkt. Manche weißen Beobachter versuchen, sich solche Mechanismen durch Telepathie oder empathische Fähigkeiten in Trancezuständen zu erklären.

Zu den wichtigsten Liebeszauberdrogen der Indianer zählen u. a. Belladonna, Bilsenkraut, Fliegenpilz, Guarana, Quebracho-Rinde, Sassafras, Stechapfel bzw. Engelstrompete und Yohimbe.

Guarana erfreut sich auch heute in Südamerika – besonders in Brasilien – großer Beliebtheit. Als allgemeines Tonikum ist es Erfrischungsgetränken beigegeben. In Europa gibt es inzwischen auch Guaranatees.

Räucherwerke und Schnupfpulver

Das Räuchern von heiligen Pflanzen bzw. deren Blättern, Nadeln, Früchten, Stängeln, Wurzeln usw. ist, medizinisch gesehen, zunächst nichts anderes als eine bestimmte Art der Drogenapplikation. Die Wirkstoffe dringen durch die Schleimhäute der Atemwege in den Körper ein. Gleiches gilt natürlich für Schnupfpulver.

Die Indianer sind mit zahlreichen Räucherdrogen vertraut, die unmittelbar körperlich heilen können. Sie verwenden Stechapfel bei Atemwegsbeschwerden, Salbei und Juniperus (Wacholder) gegen Infektionskrankheiten und auch generell zur körperlichen und seelischen Reinigung, und schließlich Tabak als allgemeines Stärkungsmittel.

Wirkung auf die Psyche

Von größerer Bedeutung sind Räucherungen bei den Indianern aufgrund ihrer psychischen Wirkungen, wobei meistens ein spezifischer Geruch im Vordergrund steht.

So kennen die Indianer sowohl beruhigende, die Meditation fördernde Räuchermischungen als auch solche, die ein klares, waches Denken unterstützen. Auch Räucherungen, die mutig und furchtlos machen, euphorische Zustände erzeugen oder sogar Krieger in Angriffsstimmung versetzen, sind den Indianern bekannt.

Wohl am höchsten geschätzt werden die schamanischen Räucherwerke und schamanischen Schnupftabake. Sie alle sind hochgradig halluzinationsfördernd und erfüllen dieselben vielfältigen Aufgaben wie psychoaktive Drogenpflanzen, die dem Körper auf andere Weise zugeführt werden.

Die Anwendung der indianischen Räucherpflanzen reicht vom Ansengen einzelner Pflanzenteile bis zur Inhalation durch das Rauchen der getrockneten Pflanzen selbst.

Yakée

Besonders erwähnenswert ist in diesem Zusammenhang Yakée, den Medizinmännern in den Flussgebieten des Amazonas und Orinoko bekannt als »hakudufha«. Das ist die zerstoßene Rinde eines bestimmten Urwaldbaums, die durch Erhitzen völlig entwässert und danach zu Pulver verarbeitet wird. Dieser extrem anregende Staub wird durch Bambusröhrchen geschnupft oder von einem Helfer direkt in die Nase geblasen.

Die Wirkung ist spontan. Der Schamane beginnt beinahe augenblicklich, sich wild zu bewegen und laut zu schreien. Dieser Rauschzustand führt bis zu einer regelrechten Raserei und bei schon geringer Überdosierung auch manchmal zum Tod.

Ist der Schamane erschöpft, dann versinkt er in einen tiefen, aber sehr unruhigen Schlaf, in dem er wie in einem Delirium schreit und unartikulierte Äußerungen macht. In dieser Phase versetzt sich ein Helfer ebenfalls, aber auf andere Weise in eine leichtere Trance und deutet das für normale Zuhörer unverständliche Gestammel als prophetische Offenbarung.

Andere Räucherpflanzen

Die Drogenpflanze Yakée selbst blieb weißen Beobachtern lange Zeit unbekannt. Heute wissen wir, dass es sich bei dem psychedelischen Schnupfpulver um die Rinde dreier unterschiedlicher Baumarten der Familie Myristicaceae handelt (Virola calophylla, V. calophylloidea, V. elongata).

Zauberpflanzen helfen dem Schamanen bei seiner eigentlichen Arbeit, der Seelenreise. Das aus dem Tungusischen stammende Wort »shaman« bedeutet »außer sich geraten«. Der Schamane verlässt seinen Körper und tritt die heilende Reise an.

Andere beliebte indianische Räucherpflanzen neben Yakée sind u.a. amerikanische Aloearten, Benzoe, das Bilsenkraut, Coca, Kalmus, die schwarze Nieswurz, Sassafras, der Tabak und die Zeder.

Unsterblichkeitszauber

Die irrige Vorstellung, aus einigen raren Zauberpflanzen ließen sich Elixiere gewinnen, die Unsterblichkeit verleihen, war bei den alten Indianern – wie auch anderenorts auf der Welt – weit verbreitet.

Aus dem chinesischen Kulturkreis kennen wir mehrere Pflanzen, die in Unsterblichkeitsmischungen enthalten waren; im indianischen Raum blieben sie weitgehend das Geheimnis der Medizinmänner.

In beiden amerikanischen Subkontinenten wird dieser Aberglaube verständlich, wenn man weiß, welchen Platz die Heilpflanzen dort in der Mythologie einnehmen. Man glaubte, gleich nach der Schöpfung sei die Welt perfekt gewesen. Es habe weder Verbrechen noch Krankheiten oder Tod gegeben.

Anders als im christlichen Glauben, der ebenfalls einen solchen paradiesischen Urzustand kennt, war aber nicht der sündige Mensch an der Vertreibung aus dem Garten Eden schuld, sondern das Auftreten böser Geister und missgünstiger Dämonen. Im Grunde ist damit die Parallele zur christlichen Mythologie denn doch gewahrt, weil schließlich hier der Teufel, also auch das Böse, den Menschen primär zur Sünde verleitete.

Nach indianischer wie nach christlicher Auffassung kamen mit dem Bösen auch die Krankheiten und der Tod in die Welt. Ähnlich wie die christliche europäische Volksmedizin sind auch die Indianer davon überzeugt, dass die Götter den Menschen die Heilpflanzen geschenkt haben, um gegen die von den Dämonen gebrachten Krankheiten kämpfen zu können.

Überwindung des Todes

Diese Überzeugung führt, konsequent zu Ende gedacht, zu der Auffassung, dass es bei perfekter Heilpflanzenkenntnis im Idealfalle gelingen muss, durch göttliche, magische Elixiere auch den Tod zu überwinden. Dass das offenbar noch niemandem gelungen ist, bedeutet nur, dass die Weisheit der Medizinmänner dafür noch nicht groß genug ist.

Genau deshalb gibt man nicht auf, sondern versucht, sein Wissen um die Zauberpflanzen zu vervollkommnen. Und schon so mancher Zauberpflanzenzubereitung wurde die Fähigkeit nachgesagt, Unsterblichkeit zu verleihen, bis sich das dann doch als unzutreffend erwies – oft aber erst in erstaunlich hohem Alter ihres Verwenders.

Amulette und Fetische

Eine Verwendung von Zauberpflanzen, die weder auf phytochemischen noch auf psychedelischen Eigenschaften beruht, ist ihr Einsatz in Form von Amuletten und Fetischen. Der Unterschied zwischen beiden wurde und wird von verschiedenen Ethnologen nicht einheitlich definiert, und manche sehen beides sogar nur als zwei Begriffe für ein und dieselbe Sache an.

Mir selbst sagt folgende Unterscheidung zwischen Amuletten und Fetischen zu, weil sie sich einerseits mit der Auffassung vieler Schamanen deckt und deshalb keine Interpretationsfrage äußerer Beobachter ist, und weil sie sich andererseits auch ethymologisch begründen lässt.

Ein Amulett ist danach im Unterschied zum Fetisch ein meist am Körper getragener Zauber- und vor allem Schutzgegenstand, der aus eigener Kraft heraus wirksam ist und nicht künstlich bearbeitet sein muss.

Das Wort »Feitiço« stammt aus dem Portugiesischen und bedeutet »künstlich«, also vom Menschen gemacht. Und in der Tat sind naturbelassene Objekte in der Regel keine Fetische. Als solche fertigen Schamanen eigens Gegenstände an, sei es durch Montage verschiedener Einzelteile oder durch Bearbeiten (Schnitzen, Behauen, Biegen usw.).

Auch stammt die Kraft der Fetische im Allgemeinen nicht aus diesen selbst, sondern sie werden in besonderen Zeremonien damit rituell aufgeladen. Auf diese Weise präpariert sind die Fetische in der Lage, verschiedene Wirkungen – z. B. eine Heilwirkung – zu erzielen.

Zauberpflanzen sind Amulette

Die klassischen Zauberpflanzen und deren Teile fallen deshalb eher unter die erste Kategorie, die der Amulette, denn sie selbst verfügen über »magische« Qualitäten.

Die Indianer verwenden dabei nicht nur die großen halluzinogenen Pflanzen, sondern auch zahlreiche andere heilige Pflanzen, darunter Agaven- und Aloeblätter, verschiedene Bohnen, Stechapfelfrüchte und -samen, Mais, getrocknete Peyote-Kakteen, Tabak, Teonanacatl und Wacholder.

Bei der Herstellung von Fetischen sind die heilenden oder zauberkräftigen Inhaltsstoffe der Pflanzen dagegen sekundär. Hierbei verwendet der Schamane individuell Pflanzen, die ihm seine spirituellen Helfer als geeignet benannt haben.

Eine ähnliche Funktion wie Fetische haben die bei manchen Stämmen gebräuchlichen Zauberwerkzeuge, z. B. Zauberstäbe. Für sie wiederum verwendet man vorwiegend traditionell bekannte Pflanzen und deren Teile, die dann allerdings in besonderen Ritualen geerntet und bearbeitet werden. Zu nennen wären vor allem die Agave und die Zeder.

Die Wirkungsweise der Zauberpflanzen

In den vergangenen Jahrzehnten befassten sich einige europäische Biochemiker und Pharmakologen intensiv mit der Erforschung der Wirkungsweise halluzinogener Substanzen aus Drogenpflanzen. Dabei vermutete man zunächst, dass dafür bestimmte molekulare Strukturelemente eine Rolle spielen, die mehrere Stoffe aus verschiedenen Pflanzen gemeinsam haben.

So zeigte sich z. B., dass viele halluzinogene Verbindungen so genannte Indol- oder auch Tryptaminstrukturen in ihrem Molekül besitzen. Sie sind chemisch ähnlich aufgebaut wie das vom Gehirn produzierte psychoaktive Serotonin.

Auch die körpereigenen Neurotransmitter Adrenalin, Noradrenalin und Dopamin sind nahe chemische Verwandte. Generell wissen wir heute, dass Indol- und Tryptaminstrukturen in der Biochemie psychischer Funktionen grundsätzlich eine wichtige Rolle spielen.

Neurotransmitter sind an den Nervenenden gebildete und dort auch gespeicherte chemische Stoffe, die Impulse von einem Nerv zum anderen übertragen.

Der gemeinsame chemische Nenner

Dann aber zeigte sich, dass einige halluzinogene Pflanzen keinerlei Substanzen enthalten, die Indol- oder Tryptaminstrukturen und auch nur irgendwie ähnliche Strukturen aufweisen. Also musste man weiter suchen, um herauszufinden, was chemisch allen psychoaktiven Stoffen gemein ist.

Makrostrukturelle Eigenschaften der Moleküle konnten es offenbar nicht sein. Also suchte man in der Feinstruktur, d. h. im geometrischen, räumlichen Aufbau der Moleküle. Der ist immer auch mit den Energiezuständen der Moleküle und der Verteilung der elektrischen Ladungen in ihnen verbunden.

Nach der Untersuchung der mikromolekularen Struktur schließlich gelangte man zu der faszinierenden Erkenntnis, dass organische Verbindungen umso stärker psychoaktiv bzw. halluzinogen wirken, je mehr sie bereit sind, Elektronen abzugeben.

Diese Einsicht mag manchen konventionell denkenden Naturwissenschaftler zu dem voreiligen Schluss führen, letztendlich funktioniere auch der psychische und sogar seelische Bereich rein mechanisch. Glücklicherweise sehen das gerade die herausragenden Pioniere der diesbezüglichen Spitzenforschung ganz anders als das Heer ewiggestriger naturwissenschaftlicher Mitläufer.

So betont der deutsche »Phytopharmakapapst« und Pflanzendrogenforscher Hildebert Wagner in einem Buch über Rauschgiftdrogen: »Eines aber können wir heute schon sagen: Ganz gleich, zu welchem Ergebnis die Forschung auf diesem Gebiet kommen wird, mit einer chemischen Reaktion oder einer mathematischen Formel wird man das Phänomen Rausch wohl nie erklären können.«

Wahrnehmung und Bewusstsein

In diesem Zusammenhang weist Wagner nicht zu Unrecht darauf hin, dass Drogen das Weltbild und die Persönlichkeit eines Menschen grundlegend verändern können. Und damit meint er keineswegs nur negative Änderungen. Er spricht davon, dass es z. B. sogar gelingt, seelisch Kranke aus ihrer autistischen Isolation herauszulösen. Wagner: »Heilerfolge liegen heute vor bei Alkoholismus, Hysterien, Zwangsneurosen, bei Frigidität und sogar gewissen Formen der Schizophrenie.«

Wenn bei den Drogen gebrauchenden Indianerstämmen kaum etwas über Heilungen auf diesen Gebieten berichtet wird, dann liegt das daran, dass man es dort gar nicht erst zu derartigen seelischen Erkrankungen kommen lässt. Sie sind praktisch unbekannt.

Wie denn auch die Indianer überhaupt in ihrer gesamten Heilkunde wesentlich mehr Wert auf die Prophylaxe legen als europäische Mediziner, die hauptsächlich dafür ausgebildet sind, Menschen zu behandeln, die bereits krank geworden sind.

Die wichtigsten indianischen Zauberpflanzen

Ayahuasca

Ayahuasca ist eine im Nordwesten Südamerikas bekannte und dort auch als Caapi oder Yaje bezeichnete Rauschdroge. Sie wird aus einigen Arten der Lianengattung Banisteria gewonnen. Verwendet werden davon sowohl die Blätter als auch die Rinde und die Wurzeln. Die Inhaltsstoffe laugt man mit kaltem oder heißem Wasser aus und trinkt den Auszug. Gelegentlich kauen Medizinmänner auch die frisch vom Stamm gelöste Rinde.

Ähnlich wie eine persönliche Zauberpflanze haben Schamanen auch ein persönliches Kraft- oder Schutztier, das ihnen auf vielfache Weise sowohl bei ihrer spirituellen Arbeit als auch im Alltag hilft.

81

Der beabsichtigte Rauschzustand lässt nicht lange auf sich warten. Er geht mit intensiven farbigen Bildvisionen einher, in denen sich abstrakte Muster mit figürlichem Sehen vermischen. Die erreichte tiefe Trance soll zugleich aber auch telepathische Fähigkeiten vermitteln.

Menschen, die Ayahuasca im Selbstversuch anwendeten, berichteten von »schreienden, weinenden und sich im Kreise drehenden gewalttätigen Menschen«, die sie zu töten drohten.

Verschiedene Formen von akustischen Halluzinationen werden ebenfalls beschrieben. Charakteristisch für den Ayahuasca-Rausch ist außerdem eine Art Drehschwindel, der die Bilder kreisend erscheinen lässt und der das Gefühl vermittelt, die gesamte Umgebung drehe sich.

Halluzinogene Wirkungen

Häufig bei der Einnahme von Ayahuasca sind paranoische Erscheinungen, insbesondere Verfolgungswahn. Versuchspersonen, die Ayahuasca unter ärztlicher und notarieller Aufsicht im Selbstexperiment zu sich nahmen, erklärten, sie seien im Rausch von brutalen menschlichen Gestalten, aber auch von wilden Tiere und sogar von Bäumen, die Menschengestalt annahmen, verfolgt und gebissen worden.

Je nach Persönlichkeitsstruktur erfasst den Ayahuasca-Konsumenten dabei lähmende Angst oder ein auf Verteidigung zielender Aggressionstrieb.

Ähnliches hat man auch bei Hunden erlebt, denen man Ayahuasca verabreichte. Sie taumelten und torkelten zwar, was auf Drehschwindel hinweist, benahmen sich aber zugleich teilweise äußerst angriffslustig.

Das Strychnosgewächs Nux vomica ist ein wichtiges Homöopathikum. Die nahe verwandte Pflanze Strychnos toxifera liefert eines der wirksamsten Pflanzengifte überhaupt: das Pfeilgift Curare.

Förderung telepathischer Fähigkeiten

Dass indianische Medizinmänner trotz dieser nicht gerade erfreulichen, gewalttätigen Halluzinationen Ayahuasca benutzen, hat zwei Gründe. Zum einen haben sie ihr psychisches Immunsystem so weit entwickelt, dass sie in der Lage sind, sich den drohenden Gefahren entgegenzustellen; vor allem aber nutzen sie die mit dem Ayahuasca-Rausch verbundenen telepathischen Fähigkeiten.

Gefährliche Selbstversuche

Vor Versuchen durch Weiße, die keine jahrelange gründliche schamanische Ausbildung erfahren haben, kann nur entschieden gewarnt werden. Die Gefahr des Missbrauchs ist groß, denn seit rund zehn Jahren werden nicht nur von verantwortungslosen Geschäftemachern in den USA und gelegentlich auch in Europa so genannte Selbsterfahrungsreisen nach Südamerika angeboten, die einmalige, farbenprächtige Ayahuasca-Erlebnisse versprechen.

Auch in Europa selbst werden durch Kreise, die sich nicht selten als Sekten bezeichnen, Ayahuasca-Getränke angeboten. Oft genug wird den gutgläubigen Sektenneulingen nicht einmal gesagt, was sie da zu sich nehmen. Ich selbst kenne Opfer, die bereits nach dem einmaligen Ayahuasca-Genuss in der Psychotherapie landeten und noch Jahre später unter Verfolgungsangst litten.

Curare

Eine besondere Stellung unter den indianischen Zauberpflanzen nehmen verschiedene Baumkalebassen und Kalebassenlianen der Gattung Strychnos ein, aus denen südamerikanische Stämme das legendäre Pfeilgift Curare oder Urari gewinnen. Die Zubereitung erfolgt nach Geheimrezepten, in deren Rahmen der Pflanzensaft meist gekocht wird.

Interessant ist, dass möglicherweise nicht nur der Mensch Curare als tödliches Gift benutzt. Nach einem Mythos der Purús-Indianer beobachteten alte erfahrene Jäger ihres Stammes, dass Sperber häufig an der Rinde bestimmter Giftsträucher kratzten, bevor sie ihre Beute schlugen. Diese starb dann auf der Stelle, wenn sie die vergifteten Krallen verwundeten. Curare lähmt sehr schnell das Atemzentrum der Opfer. Der Tod wird bei vollem Bewusstsein erlebt.

Curare, der »gekochte Tod«, war in alten Zeiten nicht nur ein hochwirksames Pfeilgift, sondern auch ein wichtiges Handelsgut, das sehr weit verbreitet war.

Die Indios, die Curare verwenden, betrachten es nicht wie die Wissenschaftler der Weißen als giftige Chemikalie (maßgeblich sind das zu Muskelerschlaffung führende Alkaloid d-Tubocurarin und bis zu 70 weitere Alkaloide). Die Indios glauben, dass in den Strychnospflanzen mächtige Geister wohnen, die durch das bis zu einer Woche dauernde Ritual der Curare-Herstellung in den tödlichen Absud gebannt werden.

Die Geister versuchen, den Medizinmann, der diese Arbeit durchführt, daran zu hindern, doch dieser erfahrene mächtige Zauberer erlebt allenfalls Kopfschmerzen, Schwindelgefühle und Halluzinationen. Dafür rächen sich die aus der Pflanze ausgetriebenen Geister an den Tieren, die die Indianer mit Curare-Pfeilspitzen verletzen. Ihr Fleisch kann risikolos gegessen werden, denn das Gift wirkt nur über das Blut, nicht im Verdauungsapparat.

Curare kann auch heilen

Neben seiner tödlichen Wirkung ist Curare aber auch ein hoch geschätztes Heilmittel. Im Amazonasgebiet benutzten Medizinmänner sehr niedrig dosierte orale Gaben gegen Harnverhalten, Nierensteine und als fiebersenkendes Mittel. Sie können das Risiko dabei einschränken, denn sie kennen auch wirksame Gegengifte, z. B. Papayasaft.

Europäische Ärzte verwenden das d-Tubocurarin heute in der Anästhesiologie als Muskelentspannungsmittel und Narkotikum sowie gegen Krämpfe (Spasmen). Auch zur Behandlung von Tetanie wird es eingesetzt. Die homöopathische Anwendung entspricht jener der Indianer: Curare-Hochpotenzen helfen bei Harnverhalten und wirken fiebersenkend. Auch zur Förderung der Menstruation werden sie verschrieben.

Bei allein durchgeführten Selbstversuchen kann im Ernstfall nicht einmal mehr ärztliche Hilfe herbeigerufen werden. Fliegenpilze sind bei Überdosierung tödlich giftig!

Fliegenpilze

Der Fliegenpilz (Amanita muscaria) hatte schon früh eine fast weltweite Bedeutung als halluzinogene Zauberpflanze. Seine Verwendung lässt sich im alten Asien und Europa ebenso nachweisen wie in Amerika.

Bekannt war der Fliegenpilz bereits den vorkolumbischen Azteken, die ihn tzontecoma nanacatl nannten. Ob sie ihn auch schon medizinisch verwendeten, ist unbekannt. Andere mexikanische Stämme behandeln damit Hautentzündungen und Verbrennungen.

Der schamanische Tod

Am wichtigsten ist der Fliegenpilz in Mexiko und Guatemala, aber auch in Nordamerika bis hinauf nach Alaska als Schamanenpilz. Zielsetzung für Fliegenpilzhalluzinationen ist bei dieser Verwendung das visionäre Erleben des so genannten schamanischen Todes.

Der Esser des halluzinogenen Pilzes erfährt sehr eindringlich seine eigene Vernichtung, manchmal in Form einer regelrechten Zerstückelung. So makaber das für nicht schamanisch arbeitende weiße Beobachter sein mag: Wer dergleichen selbst einmal erlebt hat, berichtet – sofern er sich psychisch gut vorbereitet in das visionäre Abenteuer eingelassen hat – danach äußerst positiv über diese Erfahrung.

Der schamanische Tod und die stets darauf folgende Wiedergeburt bzw. Wiederzusammensetzung des zerstückelten Körpers bringen fast immer das Bewusstsein einer tiefen spirituellen Verbundenheit mit der gesamten Schöpfung und oft eine völlig neue Einstellung gegenüber dem eigenen Leben und dem Leben anderer mit sich.

Zubereitung des Pilzes und Wirkung

Gegessen werden meist fünf bis neun Fliegenpilze. Die Menge hängt von der persönlichen Verfassung des Schamanen ebenso ab wie von der Größe der Pilze und der Jahreszeit sowie vom Standort bei der Ernte. Wichtig ist, dass der Pilz vor dem Benutzen hoch erhitzt, also z.B. gekocht oder geröstet wird. Dadurch verändern sich die chemischen Inhaltsstoffe und werden überhaupt erst halluzinogen.

Von Selbstversuchen durch Europäer – und besonders von Eigenversuchen, die allein durchgeführt werden – ist aus mehreren Gründen dringend abzuraten. Zum einen fehlt es hier weitgehend an der erforderlichen begleitenden schamanischen Ausbildung, um das Tranceerlebnis nicht als schweres Trauma zu erfahren. Zum anderen sind die körperlichen Abwehrkräfte der Weißen gegen Pflanzengifte andere als die der Asiaten und Indianer. Schließlich vermuten führende Phytopharmakologen, dass die europäischen Fliegenpilze standort- und klimabedingt mehr giftige Inhaltsstoffe und zugleich weniger halluzinogene Komponenten enthalten als etwa die sibirischen und amerikanischen. In den USA handelt es sich sogar um eine besondere biologische Unterart (Amanita muscaria var. americana).

Der schamanische Tod ist zugleich ein Initiationserlebnis, da dem Erlebnis des Todes das Erlebnis einer zweiten Geburt folgt. Nur wer innerlich dazu bereit ist, kann sich auf eine solche Reise begeben.

Auch Versuche in klinisch unerfahrenen Freundeskreisen sind gefährlich, denn zum Rauschbild gehören bei manchen Essern u. a. Tobsuchtsanfälle und Gewalttätigkeit.

Peyote-Kakteen

Der Peyote-Kaktus (Lophophora williamsii) erinnert den Laien auf den ersten Blick nicht unbedingt an einen Kaktus. Ihm fehlt das charakteristische Stachelkleid; er sieht eher aus wie eine graugrüne, gefurchte, rundliche Kartoffel mit einigen kleinen Haarbüscheln in der Scheitelgegend (siehe Abbildung auf Seite 68). Heimat dieser »heiligen« Kakteen sind die Wüsten Mexikos und die Gegend um den Rio Grande del Norte.

Der Geschmack des Peyote-Kaktus erregt Übelkeit, und oft muss sich ein Esser während der rituellen Zeremonie übergeben. Das Erbrechen wird von den Indianern als körperliche und seelische Reinigung verstanden.

Wichtigster halluzinogener Inhaltsstoff ist das Meskalin. Daneben enthält der Kaktus aber noch eine ganze Reihe anderer, ebenfalls berauschender Alkaloide: Meskalidin, Anhalonin, Anhalonidin, Lophophorin usw.

Verwendung

Verwendet wird vom Peyote-Kaktus nur der Mittelteil der fleischigen Pflanze. Die mächtige Wurzelrübe und die Scheitelregion sind weitaus weniger psychoaktiv. Manchmal werden frische Pflanzen gegessen, viel gebräuchlicher ist es jedoch, den Kaktus in Scheiben zu schneiden, die dann getrocknet werden (»Mescal buttons«).

Wenig bekannt ist, dass Meskalin und chemisch verwandte Alkaloide aber durchaus nicht nur in der Lophophora williamsii vorkommen. Es gibt sie auch – in verschieden starker Konzentration – in zahlreichen anderen mittel- und südamerikanischen Kakteenarten, die von den Indios teilweise ähnlich verwendet werden.

Ritueller Gebrauch

Der rituelle Gebrauch des Peyote-Kaktus geht weit in die Geschichte der Azteken zurück und erhielt zu Beginn des 20. Jahrhunderts (ab 1911) durch christliche Sekten der weißen Siedler unter dem Decknamen »Nationalamerikanische Kirche« einen neuen, starken Auftrieb.

Priester dieser Sekte verwenden Mescal buttons anstelle der sonst üblichen Oblate als Hostie beim Heiligen Abendmahl. Damit suchen sie, wie bereits die alten Azteken, einen unmittelbaren spirituellen Kontakt mit Gott.

86

Halluzinogene Kakteenarten (nach Chr. Rätsch)

Botanische Art	Populärer Name	Inhaltsstoffe
Lophophora diffusa	Peyote	Peyotine, Lophophorin
Lophophora fricii	Chiculi hualala	Peyotine, Lophophorin
Ariocarpus fissuratus	Híkuli sunami	Phenylethylamine
Ariocarpus retusus	Híkuli sunami	Phenylethylamine
Obregonia denegrii	Híkuli sunami	Phenylethylamine
Pelecyphora asselliformis	Híkuli sunami	Phenylethylamine
Pelecyphora pseudopectinata	Híkuli sunami	Phenylethylamine
Epithelanta micromeris	Chilito, Híkuli mulato	Triterpene, Alkaloide
Mammillaria craigii	Peyote de San Pedro	Alkaloide
Mammillaria grahamii	Híkuli, Peyote	Alkaloide
Mammillaria heyderii	Keiner	Dimethoxy-Phenyl-ethylamin (DMPEA)
Mamillopsis sensilis	Peyote christiano	Alkaloide
Coryphanta compacta	Bakana	DMPEA
Coryphanta macromeris	Keiner	DMPEA, Makromerin
Echinocereus triglochidiatus	Híkuri, Pitallita	3-Hydroxy-4-Meth-oxy-Phenylethylamin
Pachycereus pecten-aboriginium	Chawe, Cardón	Phenylethylamine
Carnegia gigantea	Saguaro	Nicht bekannt

Der Peyote-Gebrauch ging im 20. Jahrhundert bei den Indianern selbst immer mehr zurück. Die großen Rituale praktizieren nur noch Stämme, die von der Zivilisation weitgehend isoliert leben.

Die »Pforten der Wahrnehmung«

Das Erleben im Meskalin-Rausch wurde von weißen Peyote-Essern wiederholt sehr eindringlich geschildert. Am bekanntesten sind die Meskalin-Selbstversuchsberichte des bedeutenden englischen Schriftstellers Aldous Huxley in seinem Buch »The Doors of Perception« (»Die Pforten der Wahrnehmung«). Hier liest man u. a.:

»In manchen Fällen kommt es zu außersinnlichen Wahrnehmungen, andere Menschen entdecken eine Welt, wie sie in ihrer Schönheit bisher nie erlebt wurde, vielen anderen enthüllten sich die Herrlichkeit, der unendliche Wert und die unendliche Bedeutungsfülle der bloßen Existenz und des gegebenen, nicht in Begriffe gefassten Ereignisses. Im letzten Stadium der Ichlosigkeit kommt es zu einer dunklen Erkenntnis, dass das All in allem, dass alles tatsächlich jedes ist. Weiter kann vermutlich ein endlicher Geist nicht darin gelangen, alles wahrzunehmen, was irgendwo im Weltall geschieht.«

Nach Huxleys Meskalin-Selbsterfahrungsbericht »The Doors of Perception« benannte sich auch die berühmt-berüchtigte Rockgruppe »The Doors«.

Verbreitet ist die Übersetzung eines Sinneseindrucks in einen anderen während des Meskalinrauschs: So können z. B. Musiktöne als Farben gesehen und andererseits Farben gehört werden. Alles ist alles.

Das Erleben Gottes im Meskalinversuch

Zu denken geben Meskalinversuche, die Ärzte und Psychotherapeuten in den USA einerseits mit Theologiestudenten, andererseits mit freiwilligen Strafgefangenen unternahmen. In der ersten Versuchsgruppe sprachen nicht wenige davon, das Meskalin habe sie zu einem intensiven, zuvor nicht gekannten unmittelbaren Gotteserleben geführt. Damit bestätigen sie direkt den indianischen Gebrauch.

Die Gefängnisinsassen änderten zum Großteil gründlich ihre gesamte Lebenseinstellung. Nach ihrer Entlassung wurden nur noch rund 15 Prozent rückfällig, während die normale Rückfälligkeitsrate für Straftaten nach einer Haft in den USA 75 Prozent übersteigt.

Ausgerechnet diese positiven Resozialisierungsergebnisse nach Meskalinversuchen veranlassten die US-Regierung, die Fortführung derartiger Experimente augenblicklich zu verbieten. Vermutlich befürchtete man, Meskalin und das ihm chemisch strukturell verwandte, aber noch weitaus wirksamere synthetische LSD könne aus obrigkeitshörigen Amerikanern eigenverantwortliche, mündige Bürger machen. Dieses Risiko war der US-Regierung, die jeder persönlichen Initiative gegenüber skeptisch eingestellt ist, denn doch zu hoch. Und das umso mehr, als Meskalingebrauch weder zu körperlicher noch zu psychischer Sucht führt.

Spirituelle Erfahrungen sind nicht ungefährlich

Weltweit sind sich heute die meisten modernen Pharmakologen und Psychotherapeuten mehr oder weniger darüber einig, dass die Einstellung der Meskalinversuche, denen sich auch die europäischen Länder anschlossen, bedauerlich ist. Es gibt in ihrem Lager weit mehr Befürworter als Gegner des Meskalins. Allerdings sei auch hier vor Selbstversuchen gewarnt. Tiefe spirituelle Erfahrungen sind vor einem möglichen Hintergrund persönlicher psychischer Instabilität nicht immer ungefährlich. Und außerdem haben neuere pharmakologische Untersuchungen zu dem Verdacht geführt, dass Meskalin, vor allem aber dass die damit verwandte synthetische Droge LSD möglicherweise genetische Veränderungen bewirken können, die sogar die Erbmasse betreffen. Diese Wahrscheinlichkeit ist zwar sehr gering, aber wer mit diesen Drogen experimentieren möchte, sollte sich ihrer bewusst sein.

Psilocybe

In der Umgebung der südmexikanischen Stadt Oaxaca, die im Stammesgebiet sowohl der Mazateken und Zapoteken wie auch der Chinanteken und Chichimecas liegt, wächst der kleine spitzhütige Pilz Psilocybe mexicana. Verwandte hat er in vielen Ländern der Welt, u. a. auch in Deutschland. Er und die anderen Mitglieder der Gattung Psilocybe enthalten halluzinogene Substanzen, die einen tranceähnlichen Rausch erzeugen.

In Südmexiko und Guatemala nimmt er von alters her eine ähnlich wichtige Funktion ein wie der Peyote-Kaktus in anderen mexikanischen Regionen. Teonanacatl nennen ihn die Einheimischen. Das heißt »Fleisch der Götter«. Seine geografische Verbreitung war schon zu Aztekenzeiten weitaus größer als die des Peyote.

Eingenommen wurde und wird er meist nicht pur, sondern in Form von Auszügen mit Milch oder Agavenschnaps. Auch in Honig eingelegt wird er zuweilen gegessen. Als erste ernsthafte europäisch-amerikanische Forscher unternahmen der Bank-

Der Agavenschnaps Mescal oder Tequila wird aus dem Agavenwein Pulque destilliert. Einige Zauberpflanzen benötigen ihn als Trägersubstanz zur Entfaltung ihrer Heilwirkung.

und Börsenfachmann R. C. Gordon Wasson und seine Frau, die Kinderärztin Valentina Pavlovna, Selbstversuche mit dem mexikanischen Zauberpilz. Später arbeiteten sie mit dem Mykologen Professor Heim in Paris zusammen.

Eindrückliche Beschreibung eines Experimentes

Die ersten systematischen pharmakologischen Untersuchungen stellte dann der bedeutende Biochemiker Dr. Albert Hofmann im pharmazeutischen und Drogenlaboratorium der Firma Sandoz in Basel an. Ihm verdanken wir auch eine eindrückliche Beschreibung seiner Erlebnisse bei Selbstversuchen unter klinischer Überwachung:

Die Einnahme der psychoaktiven Substanzen verändert die Wahrnehmung. Dies trifft nicht nur auf sinnliche Eindrücke wie Formen, Farben oder Töne zu; auch Gefühle wie Glücksempfinden oder Angst spielen eine wichtige Rolle. Deshalb sollte nur ein psychisch stabiler und gut vorbereiteter Mensch mit psychoaktiven Substanzen experimentieren.

»Nach einer halben Stunde begann sich die Außenwelt fremdartig zu verwandeln. Alles nahm einen mexikanischen Charakter an. Da ich mir voll bewusst war, dass ich aus dem Wissen über die mexikanische Herkunft dieser Pilze mir mexikanische Szenerien einbilden könnte, versuchte ich bewusst, meine Umwelt so zu sehen, wie ich sie normalerweise kannte. Alle Anstrengungen des Willens, diese Dinge in ihren altvertrauten Formen und Farben zu sehen, blieben jedoch erfolglos. Mit offenen und bei geschlossenen Augen sah ich nur indianische Motive in Farben.«

Ein Wirbel von Formen und Farben

Hofmann fährt fort: »Als der den Versuch überwachende Arzt sich über mich beugte, um den Blutdruck zu kontrollieren, verwandelte er sich in einen aztekischen Opferpriester, und ich wäre nicht erstaunt gewesen, wenn er ein Messer aus Obsidian gezückt hätte. Trotz des Ernstes der Lage erheiterte es mich, wie das alemannische Gesicht meines Kollegen einen rein indianischen Ausdruck angenommen hatte.«

»Im Höhepunkt des Rausches, etwa eineinhalb Stunden nach der Einnahme der Pilze, nahm der Ansturm der inneren Bilder, es waren meist abstrakte, in Form und Farbe rasch wechselnde Motive, ein derart beängstigendes Ausmaß an, dass ich fürchtete, in diesen Wirbel von Formen und Farben hineingerissen zu werden, um mich darin aufzulösen. Nach etwa sechs Stunden ging der Traum zu Ende. Subjektiv hätte ich nicht angeben können, wie lange dieser ganz zeitlos erlebte Zustand gedauert hatte. Das Wiedereintreten in die gewohnte Wirklichkeit wurde wie eine beglückende Rückkehr aus einer fremden, aber ganz real erlebten Welt in die altvertraute Heimat empfunden.«

90

Spirituelle Zielsetzung und Erwartungshaltung

Nicht jeder Psilocybe-Esser teilt freilich die Erfahrungen Hof-
manns, denn das in der Drogentrance Erlebte hängt sehr stark
von der jeweiligen psychischen Verfassung und der spirituellen
Zielsetzung und Erwartungshaltung ab.

So hatte ich selbst Gelegenheit, bei Psilocybe-Experimenten
sehr unterschiedliche Ergebnisse zu beobachten. Während ein
psychisch unsicherer junger Mann mit normalerweise nicht gerade hohem Selbstwertgefühl nach dem Psilocybe-Genuss eine
Phase euphorischer Selbstüberschätzung erlebte und sich
schließlich für eine Reinkarnation Jesu Christi hielt, berichtete
ein Berufspharmazeut lediglich von tiefer Entspannung und
wundervollen, harmonischen Farbvisionen.

Ein dem Drogengebrauch generell ablehnend gegenüberste-
hender, selbstsicherer Naturwissenschaftler empfand indes eine
Art lästiger, dumpfer Gleichgültigkeit, verbunden mit einer Ein-
schränkung seines persönlichen freien Willens und seiner Krea-
tivität. Visionen erlebte er trotz einer sehr hohen Pilzdosis gar
nicht. Er erklärte das Experiment später als eine absolut ent-
behrliche Erfahrung.

Es kommt in hohem
Maß auf die innere
Einstellung und die
spirituelle Zielset-
zung an, die den In-
halt des Psilocybe-
Rauschs mitbestimmen.

Steigerung des visionären Erlebens

Sicher ist, dass mexikanische Indianerschamanen die Pilze zur
Tranceinduktion verwenden, um dann das zu tun, was sie im
Prinzip auch ohne die Droge bewerkstelligen könnten.

Der Pilz trägt lediglich dazu bei, ihr visionäres Erleben deutlicher und intensiver zu machen. Fehlt dieses aber mangels schamanischer Ausbildung oder auch prinzipieller Bereitschaft dafür grundsätzlich, dann kann der Pilz es ganz sicher nicht erzeugen.

Bewusstseinserweiternd, wie es mancher europäische »Aussteiger« gerne hätte, ist Psilocybin gewiss nicht. Darüber dürfen auch Berichte von mexikanischer Schamanenarbeit im Teonanacatl-Rausch nicht hinwegtäuschen, die zu spektakulären Ergebnissen oder tiefen gnostischen Einsichten führten.

Ololiuqui

Die neben Peyote und Psilocybe dritte große mexikanische Rauschpflanze nannten die Azteken coatl-xoxouhqui, »Grüne Schlange«. Sie war und ist eine Zauberdroge in der Provinz Oaxaca. Heute bezeichnen die Indios sie meist als Ololiuqui, und unter diesem Namen ist sie auch international bekannt geworden. Es handelt sich dabei um die Samen einer Trichterwindenart (Turbina corymbosa).

Die Schlange spielt als Schutz- und Krafttier in der indianischen Philosophie eine große Rolle. Zum einen symbolisiert sie Weisheit; zum anderen verkörpert sie durch ihre Fähigkeit, sich zu häuten, das Prinzip von Tod und Wiedergeburt.

Anwendung

In ihrer Anwendung unterscheidet sich die Droge, die übrigens generell nur in alkoholischen Zubereitungen ihre Wirkung entfaltet, von Peyote und Psilocybe. Sollen jene in erster Linie den intensiven Kontakt zu spirituellen Wesenheiten schaffen, so ist Ololiuqui eine Propheten- und Wahrsagerpflanze, die hilft, verborgene Fakten aufzudecken. Und hier scheint sie in der Tat recht beachtliche Kräfte zu entfalten. Es gibt zahlreiche gesicherte Berichte auch weißer Beobachter, die das bestätigen.

So zitierte als einer von vielen 1979 Hans Leuenberger in seinem Buch »Mexiko – Land links vom Kolibri« einen Maya-Indio: »Wenn man genügend davon trinkt, sieht man Tausende von Geistern, hat man Fühlung mit dem Teufel und mit der Hölle… Wenn einer etwas Wertvolles verliert, geben wir ihm Xtabentum zu trinken. Bevor er einschläft, sagen wir ihm immer wieder ins Ohr: ›Wo ist der verlorene Gegenstand?‹, und wir beschreiben ihn. Er wird im folgenden Xtabentum-Schlaf klarsichtig werden und sehen, wo der Gegenstand liegt. Und wenn er gestohlen wurde, wird er den Dieb erkennen. Da der Schlaf nicht tief ist, können wir durch wiederholten Anruf mit ihm reden, wie mit Menschen in Hypnose. Er wird klare Antworten geben, doch langsam und stockend. Im Xtabentum-Rausch wird einer auch schwach und bedauert seine Sünden. Er gibt alles zu, wenn man ihn fragt...«

Ololiuqui als gynäkologisches Mittel

Der Indio geht auch auf Zubereitung und die medizinische Anwendung der Ololiuqui-Pflanze ein: »Wir mahlen die getrocknete Wurzel, kochen sie eine halbe Stunde und versetzen den Tee mit Honig, ein wenig Tabak und Zimt. Das ganze ist ein ausgezeichnetes Mittel gegen Hämorrhoiden.«

Hämorrhoidalleiden sind dabei nicht die einzige Indikation. Gebräuchlich ist die Winde bei den Indianern vor allem in der Gynäkologie. So beschleunigen Abkochungen aus der Wurzel die Geburtswehen und auch die Austreibung der Nachgeburt. Die Azteken verwendeten derartige Dekokte für Penis- und Vaginaspülungen. Und als der Weiße Mann die Syphilis einschleppte, erwies sich Ololiuqui auch dagegen als hilfreich. Eingang gefunden hat die Heilpflanze inzwischen auch in die europäische Gynäkologie.

Stechapfel

Seit rund einem Jahrzehnt erfreut sich im Sommer eine Kübelpflanze als attraktives Ziergewächs zunehmender Beliebtheit in deutschen Vorgärten, die Engelstrompete, auch Stechapfel oder Datura, mit ihren großen, herabhängenden, stark riechenden Trichterblüten.

Dabei handelt es sich fast durchweg um gärtnerische Züchtungen. Die europäische Urform, Datura stramonia, hat kleinere, rein weiße und aufrecht stehende Blütentrichter. Sie wird je nach Standort etwa ein bis zwei Meter hoch. In den Tropen Südamerikas gibt es aber auch baumhohe nahe Verwandte.

Als Nachtschattengewächs ist die Datura stramonia, die wegen ihrer stacheligen Früchte volkstümlich als Stechapfel bekannt ist, sehr giftig. Einige der in ihr enthaltenen Gifte lösen Rauschzustände aus. Im Mittelalter stellten deutsche Hexen aus den Blättern von Datura stramonia Liebes- und Zaubertränke her.

Anwendung

Die amerikanischen Indianer verwenden verschiedene einheimische Datura-Arten (D. sanguinea, D. arborea und D. vulcanicula in Peru; D. tatula in Mexiko; D. meteloides und D. innoxa

Ein leichter alkoholischer Schwips beflügelt einen Gelegenheitspianisten zu flotterem Spiel und intensiverem musikalischen Ausdruck, aber er macht aus jemandem, der niemals an einem Tasteninstrument saß, gewiss keinen Klavierspieler.

in Nordamerika) zur Produktion rauscherzeugender Getränke. Oft werden auch die getrockneten Datura-Blätter wie Tabak – und manchmal mit diesem gemischt – geraucht. Berühmt ist vor allem der aus Datura-Arten hergestellte Tonga-Trank der Eingeborenen Perus und Kolumbiens. Nach der Einnahme dieses Trankes verfällt die Versuchsperson zunächst in einen Zustand der Dumpfheit, in dem alle Körperfunktionen verlangsamt sind. Diese Dumpfheit geht in einen Zustand heftiger Bewegung über, der die Versuchsperson wiederum bis auf das Äußerste erschöpft.

Die medizinischen Anwendungen von Datura in entsprechend geringer Dosierung und unter der Überwachung des Medizinmannes bzw. in Europa eines Arztes sind durchaus als positiv zu bewerten.

Eine Beschreibung dessen, wie sich der Tonga-Trank auf Körper und Geist eines Menschen auswirken kann, finden Sie auf Seite 123.

Wirkung

Therapeutische Dosen von 30 bis 200 Milligramm wirken entkrampfend und beruhigend und werden u. a. erfolgreich in der Augenheilkunde und gegen die Parkinsonsche Schüttellähmung angewandt. Ebenso setzen sie die Indianer ein. Neuerdings fanden Schulmediziner heraus, dass sich Stechapfelpräparate, äußerlich appliziert, auch gut dafür eignen, Narbenwülste zu beseitigen. Früher waren spezielle Datura-Zigaretten im Handel, die Asthmapatienten halfen. Der Gesetzgeber hat sie leider verboten, mit der Begründung, sie könnten als Nebenwirkungen erotische Träume verursachen. Gemischt mit Salbeiblättern waren diese Stechapfelzigaretten auch ein beliebtes Entwöhnungsmittel bei Nikotinsucht.

Wichtig ist Datura heute vor allem in der Homöopathie, besonders bei der Behandlung von Krämpfen, Epilepsie, Nymphomanie, Delirium tremens, Rückenmarkserkrankungen, verschiedenen Nervenleiden, Wahnvorstellungen und Manien, aber auch bei Asthma, Keuchhusten, Masern und Scharlach.

Yakée

Weil Yopo weitaus weniger giftig und deshalb weniger gefährlich ist als Yakée, schnupfen es nicht nur Männer, sondern auch Frauen und Kinder.

In den Urwäldern der Stromgebiete von Orinoko und Amazonas wachsen verschiedene Bäume der Familie Myristicaceae, nämlich Virola calophylla, V. calophylloidea und V. elongata. Aus ihrer Rinde bereiten die einheimischen Indianer ein narkotisch wirkendes und halluzinogenes Schnupfpulver, das zugleich hochgiftig ist.

Der US-amerikanische Ethnomediziner Richard E. Schultes berichtete dazu 1967, er habe es in einer viel geringeren Dosierung als die Eingeborenen benutzt, und das habe genügt, um ihn für zwei Tage krank zu machen. Und selbst erfahrene Medizinmänner kommen bei dem Gebrauch der Droge gelegentlich zu Tode.

Die Wahrheits- und Prophetendroge

Glücklicherweise hat diese gefährliche Pflanze in Reinkultur bisher ihren Weg nicht nach Europa gefunden. In ihrer Heimat verwenden sie die Indianer mit größter Vorsicht ähnlich dem Ololiuqui als Wahrheits- und Prophetendroge.

Chemisch ist der wichtigste halluzinogene Inhaltsstoff der Virola-Arten das Dimethyltryptamin (DMT). Es ist strukturell nahe verwandt mit dem Psilocybin und für sich allein nicht besonders giftig.

Die toxische Wirkung der Urwaldbäume ist auf den zusätzlichen Inhaltsstoff Myristizin zurückzuführen. DMT als isolierte Droge ist heute ein Rauschgift, das sich bei US-amerikanischen Yuppies und Geschäftsmännern einer gewissen Reputation erfreut. Es erzeugt ähnliche Halluzinationen wie das Psilocybin, wirkt rasch, und der Rausch hält nur sehr kurz an.

Yopo

Ebenfalls im Flussgebiet des Orinoko, aber auch auf Trinidad bereiten die Indianer ein weiteres halluzinogenes Schnupfpulver: Yopo oder Cohoba. Hergestellt wird es aus den Samen zweier baumförmiger Hülsenfrüchtlerarten: Piptadenia peregrina und P. colubrina.

Die damit erzeugten Rauschzustände unterscheiden sich nicht wesentlich vom Yakée-Rausch. Doch ist die Verwendung eine andere. Es geht hier nicht um Prophetie und Wahrheitsfindung, sondern in erster Linie darum, Krieger in Kampfstimmung zu versetzen und die Aufmerksamkeit und Beobachtungsfähigkeit von Jägern zu steigern.

Halluzinogener Hauptwirkstoff ist der gleiche wie beim Yakée: DMT. Daneben enthält dieses Schnupfpulver Bufotenin, das sich interessanterweise in der Haut giftiger Kröten findet, aus der im mittelalterlichen Europa Hexentränke und Hexensalben zubereitet wurden. Doch Bufotenin ist weitaus weniger psychoaktiv als das DMT.

Nicht ganz ohne Sarkasmus bemerkt der deutsche Phytopharmakologe H. Wagner: »Ein DMT-Rausch wäre für eine Mittagspause völlig ausreichend und damit das ›ideale Rauschgift‹ für den viel beschäftigten Manager.« Das wäre ein weiterer Beleg dafür, wie weit der Weiße Mann die alten heiligen Zauberpflanzen, denen die Indianer mit Ehrfurcht und Respekt begegnen, in seiner naturfernen Welt pervertiert und missbraucht.

Große
indianische Heil-
pflanzen

Einige der großen indianischen Heilpflanzen haben nicht nur den Weg in europäische Apotheken, sondern ebenfalls in europäische Küchen und in die Schönheitsindustrie gefunden. Aloe vera kennt der Europäer aus zahlreichen feuchtigkeitsspendenden und hautstraffenden Pflegeprodukten; die Früchte der Kakaopflanze schätzt er schon lange, vor allem in Form eines heißen Getränks. Und während der Mais zum festen Repertoire der Salatküche gehört, gewinnt die exotische Papaya nicht nur unter Ernährungsaposteln immer weiter an Beliebtheit. All diese Pflanzen gehören schon von alters her zum Heilschatz indianischer Medizinmänner und Schamanen. Sie wissen um die Gefahren und die Heilwirkungen der oft giftigen Gewächse und nutzen sie zu innerlichen und äußerlichen Anwendungen.

Vielfalt der Heilpflanzen

Die indianische Phytotherapie wie die indianische Medizin überhaupt zeichnen sich durch eine beachtliche Vielseitigkeit aus. Wollte man alle Heilpflanzen aufzählen, die den Indianern bekannt sind, würde man wohl eine vierstellige Zahl erreichen. Es ist deshalb ein schwieriges Unterfangen, einige wenige davon auszuwählen und hier vorzustellen.

Auswahlkriterien der Pflanzenporträts

● Es sind nur solche Pflanzen genannt, die eine große Anwendungsbreite besitzen und zugleich bei den Indianern häufig verwendet werden.
● Halluzinogene Pflanzen werden hier ausgeklammert, weil sie bereits im Kapitel »Zauberdrogen – Pflanzen der Götter«, Seite 66ff., zu finden sind.
● Pflanzen, die in Europa nur sehr schwer oder gar nicht zu beschaffen sind, entfallen hier ebenfalls.
● Nicht berücksichtigt sind ferner Heilpflanzen, die entweder kosmopolitisch verbreitet oder schon lange in Europa eingebürgert und deshalb hierzulande gut bekannt sind wie z. B. Brennnessel, Schafgarbe, Salbei, Birke oder Weide.

Aloe (Aloe vera)

In Europa findet sich die Aloe-Pflanze vor allem auch in Kosmetikpräparaten. Sie unterstützt die Bildung neuer Hautzellen und strafft damit die Haut.

Die ursprünglich aus Süd- und Ostafrika stammende Pflanze ist seit vielen Jahrhunderten im Bereich der Karibik und Floridas verwildert und wurde von den dort lebenden Indianerstämmen als äußerst heilkräftig erkannt. Laien verwechseln die fleischigen (sukkulenten) grünen Blattpflanzen – es gibt rund 200 verschiedene Aloe-Arten – häufig mit kleineren Agavenarten. Die jungen Blätter der Agaven umwickeln einander jedoch, während jene der Aloen von Anfang an auseinander gespreizt sind. Medizinisch verwenden die Indianer sowohl den Saft der Blätter als auch den der Wurzel, den sie auspressen oder mit Wasser herauslösen. Wichtigste Inhaltsstoffe sind Hydroxyanthracenderivate, Anthracenderivate, Chromonderivate und der Bitterstoff Aloenin.

97

Der bittere Saft der Blätter und Wurzeln von Aloe vera dienen in der indianischen Medizin als vielseitiges Heilmittel.

Insbesondere die Anthracenabkömmlinge wirken stark abführend. Innerlich verwendet werden Aloe-Präparate vor allem gegen Verstopfung, Blähungen und Husten, äußerlich gegen trockene Haut, Sonnenbrand, Verbrennungen (auch Röntgenstrahlverbrennungen), Gesichtsneuralgien, Arthritis und rheumatische Erkrankungen. In homöopathischer Dosierung (D2 bis D4) stärkt Aloe vera das Verdauungssystem.

Die frischen Boldo-Blätter duften nach Minzöl oder Kampfer. Sie sind in der europäischen Volks- und Schulmedizin schon seit längerem bekannt.

Boldo (Peumus boldus)

Der immergrüne Boldo-Baum ist in den Trockengebieten der Anden Chiles zu Hause. Er ist eine der bedeutendsten indianischen Heilpflanzen. Verwendet werden die Blätter, die das ganze Jahr über gesammelt und getrocknet werden.

Sie enthalten ätherische Öle wie Ascaridol, Eukalyptol, Cineol, ein Glykosid und mehrere Alkaloide. Das Glykosid ist schwach psychoaktiv, weshalb Boldo-Blätter bei Überdosierung oder dauerhaftem Gebrauch optische und akustische Halluzinationen auslösen können.

Die Indikationsbreite von Boldo-Blättern ist sehr groß. Die Hauptanwendung gilt der Anregung des Gallensafts und anderer Verdauungssekrete. Weitere Indikationen sind Leberleiden, Nieren- und Blasenentzündungen, Nervosität, Kopfschmerzen, Höhenkrankheit, Gebärmutterleiden, rheumatische Beschwerden und Appetitlosigkeit.

Die Schulmedizin kennt heute zahlreiche Boldo-Fertigpräparate, vorzüglich gegen Gallenblasenleiden. Homöopathisch werden die Potenzen D1 bis D3 gegen Gallenblasenleiden (auch Gallensteine) und Magenstörungen verordnet.

Chinarindenbaum (Cinchona pubescens)

Die Rinde des in Nordamerika heimischen Baums enthält verschiedene Alkaloide, darunter die wichtigen Substanzen Chinin und Chinidin, außerdem mehrere Gerb- und Bitterstoffe.
Die Indianer bereiten aus der Chinarinde Tees und ähnliche Heiltränke gegen fiebrige Infektionserkrankungen. Sie benutzen sie als Blutreinigungsmittel und als generelles Stimulans sowie gegen die Höhenkrankheit. Schon bald nach der Invasion der Europäer erkannten die Indianer auch die Heilwirkung der Chinarinde gegen Malaria, eine Krankheit, die ihnen zuvor unbekannt war.
Die Schulmedizin verwendet Chinin als Grippemittel, zur Behandlung von Malaria und als allgemeines Tonikum. In der Homöopathie werden die Potenzierungen China D2 und D4 als Kräftigungsmittel verordnet, D4 und D6 gegen Neuralgien, Kopfschmerzen, Gicht und fiebrige Erkrankungen.

Condurango (Marsdenia cundurango)

Condurango ist eine kletternde Liane des Andenraums, deren Rinde die dort heimischen Indianer als vielseitiges Heilmittel erkannten. Mit Abkochungen daraus behandeln sie Magen-, Gallenblasen- und Darmbeschwerden verschiedener Art bis hin zum Magenkrebs, außerdem innere und äußere Geschwüre, Schlangenbisse, Neuralgien und Geschlechtskrankheiten (u.a. sogar Syphilis).
Die Rinde enthält Condurangin, Sitosterin, Beta-Amyrincinnamat, Condurit, Phytosterin, Vanillin sowie verschiedene ätherische und fette Öle, Harze, Kautschukarten und Zucker.
Die Schulmedizin nutzt die Rinde gegen Verdauungsbeschwerden, Magenprobleme und Appetitlosigkeit, und das auch bei recht ernsthaften und chronischen Erscheinungsbildern wie Magersucht, Auszehrung, chronischer Magenschleimhautent-

Der Name des Lianengewächses Condurango leitet sich von dem indianischen Wort für Kondor ab. Der Vogel ist in der Lage, selbst verwesende oder giftige Speisen zu verdauen; die Heilpflanze wirkt generell bei Magenbeschwerden.

zündung und Magengeschwüren. Neue Untersuchungen bestätigen die günstige Wirkung bei Magenkrebs. Gebräuchlich gegen Magenbeschwerden und Appetitlosigkeit sind auch die homöopathische Urtinktur und die Potenz D2.

Damiana (Turnera diffusa var. aphrodisiaca)

In der traditionellen chinesischen Medizin gehört die Kälte zu den Yin-, die Wärme zu den Yang-Phänomenen. Kälte blockiert den Fluss der Lebensenergie Qi; aber auch Wärme kann dem Körper durch Austrocknung schaden.

Das kleine, stark duftende Damiana-Kraut gedeiht in den trockenen Regionen Mexikos, Mittelamerikas und des nördlichen Südamerika. Es war schon bei den Maya eine hoch geschätzte Heilpflanze.

Wie in der klassischen chinesischen Medizin, die zwischen heißen und kalten Krankheiten unterscheidet, kennen auch die Indianer diese Einteilung. Auch die Heilmittel selbst werden in heiße und kalte unterteilt. Damiana ist ein heißes Kraut und heilt deshalb kalte Krankheiten, besonders Unterleibs- und Kopfschmerzen.

Die vielseitigen Anwendungen der Damiana-Blätter reichen von Muskelschwäche, Nervenschwäche und Schwäche der Urogenitalorgane bis zu akuten Blasenleiden und Nierenbeckenentzündungen, Durchfallerkrankungen, Menstruationsstörungen, Bronchitis, Asthma und sogar Diabetes. Hilfreich ist die Pflanze aber auch bei Folgeschäden zu starken Tabakgenusses. In Mexiko gilt Damiana als mildes Aphrodisiakum, das vor allem als handelsüblicher Damiana-Likör geschätzt wird.

Inhaltsstoffe sind verschiedene ätherische Öle, darunter Cineol, Cymol und Pinen, Harze, Tannin, Arbutin, der Bitterstoff Damianain, Blausäureglykosid und eine Reihe noch unbekannter Substanzen. Im europäischen Handel sind Damiana-Blätter als generelles Tonikum für Teezubereitungen sowie zur Stärkung der Libido als homöopathische Urtinktur erhältlich.

Amerikanischer Faulbaum (Rhamnus purshiana)

Die Pflanze ist im westlichen Kalifornien und in Mexiko heimisch und wird dort von den Indianern hauptsächlich als mildes, aber sehr wirkungsvolles Abführmittel benutzt. Weil Tees und Abkochungen aus Faulbaumrinde den Körper generell reinigen, trinkt man sie auch allgemein gegen Bauchschmerzen,

Leber- und Gallenblasenleiden und kommt damit sogar Gallensteinen und der Malaria bei. Allerdings lässt sich die Rinde nicht einfach ohne Erfahrung ernten und unmittelbar anwenden.

Die Rinde des Amerikanischen Faulbaums sollte ausschließlich im Frühjahr von jungen Stämmen und Hauptästen geschält werden. Die Rinde der Zweige oder die zu anderen Jahreszeiten geerntete Rinde der Pflanze besitzt nicht nur andere Inhaltsstoffe, sie schmeckt sogar anders.

Generell lassen die Indianer die Rinde wenigstens ein Jahr lang, besser zwei bis sechs Jahre, ablagern, bevor sie sie als Droge benutzen. Ihre Begründung: Wer die frische Rinde verwendet, den trifft ein Zauberbann. Pharmazeutisch bewirkt das Lagern eine Oxidation mancher Inhaltsstoffe, deren Wirksamkeit dadurch erheblich verstärkt wird.

Inhaltsstoffe sind Hydroxyanthracenderivate, Glykoside, Aloinderivate, Cascaroside, Methylhydrocotoin und verschiedene Bitterstoffe und Lipide.

Ärzte verordnen die Amerikanische Faulbaumrinde als weitgehend nebenwirkungsfreies Mittel gegen Verstopfung, aber auch dann, wenn generell ein weicher Stuhl wünschenswert ist, etwa bei Hämorrhoidalbeschwerden und nach Unterleibsoperationen.

Der Geschmack der Amerikanischen Faulbaumrinde ist sehr bitter und kann dadurch unter Umständen Übelkeit erregen.

Amerikanischer Ginseng (Panax quinquefolius)

Die zu den Efeugewächsen zählende Pflanze ist in den Wäldern Nordamerikas heimisch. Indianer sammeln ausschließlich die Rübenwurzeln an Nordhängen.

Zu den bekannten Inhaltsstoffen gehören Saponinglykoside, ätherische Öle, eine kampferartige Substanz, Arabinose, Harze, Stärke, Schleim- und Kautschukstoffe sowie Panaquilon, Panaxin, Panaxsäure, Panaquilin, Panacen, Gisenin, Sapogenin und Mineralsalze.

In der Applikation stimmen die indianische Verwendung und diejenige weißer Schulmediziner weitestgehend überein. Moderne Pharmazeuten bezeichnen die Heilpflanze als ein Adaptogen, das dem Körper die Anpassung an zahlreiche Formen von Stress und unnatürlichen Lebensweisen erleichtert. Der Amerikanische Ginseng stimuliert generell die Durchblutung, besonders jene von Mittelhirn und Herz, regt den Zellstoffwechsel an, fördert die Sekretion der inneren Drüsen, stabilisiert und

101

tonisiert das Nervensystem und senkt den Blutzuckergehalt. Positiv beeinflusst wird auch die Funktion der Nebennierenrinde, in der das Adrenalin erzeugt wird. Die Pflanze bewirkt außerdem eine Verzögerung des Vitamin-C-Abbaus im Organismus. Alles in allem steigert sie die geistige und körperliche Leistungsfähigkeit, verzögert den Alterungsprozess und bewährt sich als vielseitiger Biokatalysator im Organismus.

Dass die Verwendung des Amerikanischen Ginsengs in der modernen amerikanischen und europäischen Schulmedizin dennoch stark rückläufig ist, hat zwei Gründe: Zum einen ist die Pflanze wegen der großen Nachfrage in ihrer natürlichen Heimat heute fast ausgerottet und unter strengen Naturschutz gestellt.

Zum anderen sieht die pharmazeutische Industrie den Amerikanischen Ginseng nicht gerne auf dem Markt, da er mehr als erfolgreich mit ihren gewinnträchtigen synthetischen Tonika, Magen- und Kreislaufmitteln konkurriert und ein gewerbsmäßiger Anbau finanziell kaum lohnend ist.

Als nicht nur innerlich, sondern auch äußerlich wohltuend erweist sich die Kakaobohne: Das in ihr enthaltene Fett wird von den Indianern Mittel- und Südamerikas sehr geschätzt. Auch die Maya und Azteken verwendeten diese vielseitige Heilpflanze.

Kakao (Theobroma cacao)

Im Gegensatz zu den kalorienbewussten Zivilisationsbürgern unserer Breiten, die Kakao vornehmlich entölt verwenden, legen die Indianer gerade auf das Kakaoöl den größten Wert, denn dieses besitzt in erster Linie die Heilkräfte der Pflanze. Rein ausgepresst verwendet man es u. a. zur Wundbehandlung. Die ganze Kakaobohne wirkt leicht euphorisierend und zudem die Libido steigernd. Beliebt ist der Kakao bei den Indianern auch als generell tonisierendes Mittel und zur Behandlung von Nierenleiden.

Inhaltsstoffe der Kakaobohne

- Rund 50 Prozent fettes Öl
- Theobromin (wirkt ähnlich wie Koffein, besitzt aber nicht dessen Nebenwirkungen)
- Ätherische Öle (vorwiegend Linalol)
- Verschiedene Säuren und Ester
- Phenylethylamin (geringe Mengen)

Wer den Kakao therapeutisch nutzen möchte, darf nicht einfach auf Schokolade oder handelsübliches Kakaopulver zurückgreifen. Er muss schon unbehandelte Kakaobohnen im Reformhaus kaufen oder sich einen Kakaohülsentee beschaffen. Beides wirkt nierenstärkend und leicht abführend. Die pharmazeutische Industrie fertigt auf der Basis von Kakaofett (»Kakaobutter«) u. a. Wundsalben.

Mais (Zea mays)

Der Mais spielte auch bei den Anfängen der Sesshaftigkeit der Indianer eine wichtige Rolle. Als eine der ersten und wichtigsten Pflanzen wurde er in Mexiko kultiviert und damit zum Hauptnahrungsmittel.

Mais ist eine der ältesten Kulturpflanzen der Welt. In Mexiko wurde er nachweislich schon vor rund zehn Jahrtausenden angebaut. In der Mythologie fast aller mittelamerikanischen Indianerstämme spielt er eine herausragende Rolle. Immer hat er mit der Schöpfungsgeschichte zu tun, und die großen religiösen Dokumente wie das Popol Vuh der Quiché berichten, die Götter haben den Körper des Menschen aus gelbem und weißem Mais geschaffen und mit dem Geist des Mais beseelt.

So ist denn die Kraft des Mais im Glauben der Indianer mit der menschlichen Lebenskraft verwandt, und eine Maiskur kann dessen Leib und Seele gleichsam wie durch eine Wiedergeburt von Grund auf erneuern. Die Maya verwendeten daher Mais als ausschließliche Diät bei allen schweren Krankheiten.

Als Heilmittel gebrauchen viele Indianerstämme Maisblätter, vor allem aber die Maisgriffel bzw. die Maisseide, woraus sie Tees und Abkochungen herstellen. Hilfreich sind diese Getränke besonders bei Stuhlunregelmäßigkeiten (bei Verstopfung und Durchfällen), Nieren- und Blasenleiden, Frauenleiden sowie Unfruchtbarkeit von Mann und Frau. Zugleich kräftigen sie Herz und Kreislauf und senken zu hohen Blutdruck.

Das Maisbier Chicha

Verbreitet in Peru ist das Maisbier Chicha, das als Essenz der vom Mais während des Sommers gesammelten Energie der Sonne gilt. Dieses Bier trank man zu hohen religiösen Festen, aber auch als Heilmittel mit gleichen Indikationen wie die Maistees. Pharmazeutische Analysen der Maisgriffel ergaben als Inhaltsstoffe Glykoside, Saponine, ätherische Öle, Fette und Harze, Tannin, Vitamine (C und K), Alkaloide, Allantoin, Phytosterol und Kaliumsalze.

In Europa kümmerte sich die Schulmedizin kaum um die große indianische Heilpflanze. Ihre Bedeutung erkannten indes moderne chinesische Ärzte, die meist Dekokte als generell entschlackendes und hochwirksames blutreinigendes Mittel verordnen.

Sie behandeln damit zu hohen Blutdruck und erhöhten Blutzucker und heilen Entzündungen im Urogenitalbereich. Sogar Gallen-, Nieren- und Blasensteine lassen sich mit Maisgriffelabkochungen beseitigen. Im indianischen Kulturkreis sind derartige Steinleiden völlig unbekannt.

Papaya (Carica papaya)

Eine frische Papaya als Dessert schmeckt und hilft gleichzeitig, die anderen Lebensmittel gut zu verdauen. Man kann die klein geschnittenen Fruchtstücke mit etwas Honig und Zitronensaft verfeinern und mit Joghurt mischen.

Der in Mittel- und Südamerika heimische Baum trägt nicht nur direkt aus den Stämmen brechende, wohlschmeckende Früchte, ihm kommt auch große medizinische Bedeutung zu.

Inhaltsstoffe der Früchte, allen voran das Enzym Papain, wirken eiweißspaltend und fördern deshalb die Verdauung. Magen, Leber und Gallenblase werden durch Papaya sowohl entlastet wie gestärkt.

Doch nicht nur das Fruchtfleisch nutzen die Indianer als Heilmittel. Der Milchsaft in den noch unreifen Früchten und in der Rinde des Baums heilt Durchfälle und vertreibt Eingeweidewürmer. Die getrockneten und pulverisierten Samen helfen gegen Bandwürmer.

Die Maya, die Azteken und andere süd- und mittelamerikanische Stämme benutzten auch Abkochungen aus Papayablättern gegen Würmer und Blütenblättertees als Asthmamittel. Der Papayasaft entgiftet den Körper nach Bissen von Skorpionen, Schlangen und giftigen Insekten. Und in Guayana verwendet die einheimische Bevölkerung den Saft der unreifen Früchte gegen Bluthochdruck.

Papaya gegen ein schwaches Verdauungssystem

Die Inhaltsstoffe der Papayasamen, -blätter und Papayastängel sind weitgehend die gleichen wie die der Früchte: das Enzym Papain, die Enzyme Lipase, Chymopapain, Lysozym und Callase, das Alkaloid Carpain, das Glykosid Carposid, ferner Pektin, die Vitamine A und C und Mineralstoffe wie Kalzium, Natrium, Kalium und Eisen.

Die europäische Medizin bedient sich der Papayafrüchte und Blättertees zur generellen Unterstützung eines geschwächten Verdauungssystems. Gleiches gilt auch für die zahlreichen im Handel erhältlichen Papainpräparate.

Pfeilwurz (Maranta arundinacea)

Wichtigster Inhaltsstoff der Pfeilwurzwurzel ist Stärke, die – ähnlich wie Holz- oder Tierkohle – flüssige Stühle bindet. Sie kann – in Wasser gekocht – getrunken oder als Klistier verabreicht werden.

Der Name »Pfeilwurz« beschreibt gut die speerspitzenförmige Pfahlwurzel der in den tropischen Regionen Nord-, Mittel- und Südamerikas beheimateten Pflanze. Besonders die Indianer in der Karibik verwenden sie vielfältig. Die Wurzel liefert – nach einem Entgiftungsprozess – ein wichtiges Grundnahrungsmittel und daneben vielseitige Heilmittel; die Pflanzenfasern werden ähnlich wie Lein- oder Flachsfasern benutzt.

Indianische Heilanwendungen beziehen sich vorwiegend auf Hautkrankheiten, die man mit Pflastern aus Pfeilwurzelmehlbrei mit Datura- und Tabakblättern heilt, sowie gegen akute Blasen- und Nierenentzündungen, denen man mit Wurzeldekokten beikommt. Auch Durchfall und Ruhr behandelten die Indianer mit Pfeilwurzelmehl, sofern diese Erkrankungen nicht von starkem Fieber begleitet wurden. In Wasser aufgeschwemmt gilt Pfeilwurzelmehl in der Karibik als gutes äußerlich anzuwendendes Heilmittel bei Hautentzündungen, Sonnenbrand, Insektenstichen und Gürtelrose.

In Mittel- und Südamerika spielt die Papayafrucht eine vielseitige Rolle in der Medizin. Sie hilft besonders bei Beschwerden des Verdauungssystems.

Quebracho (Aspidosperma quebracho-blanco)

Der im zentralen Südamerika heimische Hartholzbaum ist vor allem in der Indianermedizin Boliviens und Argentiniens von Bedeutung. Zum einen gilt das Holz als Potenzmittel, vor allem aber findet die Rinde Verwendung, die auch im europäischen Apothekenhandel erhältlich ist.

Die Indianer bereiten daraus sowohl wässrige als auch alkoholische Auszüge (mit Maisbier), die bei Beschwerden der Atemwege, Erkältungskrankheiten und anderen fiebrigen Infektionen bis hin zu Malaria getrunken werden.

Heilende und schmerzstillende Wirkungen entfaltet die Rinde auch im Bereich der Geschlechtsorgane. Sie ist menstruationsfördernd und hilft gegen Regelschmerzen. Indianerfrauen verwenden höhere Dosierungen zur Empfängnisverhütung und sogar als Abtreibungsmittel.

Neben sehr speziellen Inhaltsstoffen wie Quebrachocidin, Yohimbasäure, Quebrachit und Quebrachol enthält die Rinde verschiedene Gerbstoffe und Alkaloide, vor allem aber das Alkaloid Yohimbin. Es wirkt blutdrucksenkend und sexuell anregend und bewirkt eine verstärkte Durchblutung aller Unterleibsorgane. Klinisch gilt es darüber hinaus als atemanregend und wurmtreibend, Asthma lindernd, heilsam bei Bronchitis sowie fiebersenkend.

Die Rinde des Quebracho–Baums wird als Fruchtbarkeitsmittel von Männern und Frauen gleichermaßen benutzt. Es wird als Allheilmittel gegen Regelschmerzen ebenso eingesetzt wie zur Förderung der sexuellen Potenz.

Angewandt wird Quebracho in Europa meist als Fertigtinktur und als Homöopathikum in den Potenzierungen D1 bis D3. In der Homöopathie stehen die Kräftigung der Lunge und des Herzes im Vordergrund.

Sabal-Palme (Serenoa serrulata)

Diese Zwergpalmenart, in den südlichen USA und in Mexiko auch als Palmito bekannt, findet man seit einigen Jahren gelegentlich als Kübelpflanze in europäischen Gärtnereien.

Ihre Früchte sind etwas mehr als erdnusskerngroß, rundlich, schwarz und haben einen harten Kern, der entfernt an einen Dattelkern erinnert.

Getrocknet und pulverisiert verwendet sie die einheimische Bevölkerung – meist zusammen mit Damiana-Blättern – als Potenzmittel. Fruchtextrakte und Tees werden aber auch zur Behandlung von Lungenleiden und Bronchitis benutzt und als allgemeines Tonikum sowie als harntreibendes und entschlackendes Mittel eingenommen. Die Früchte enthalten fette Öle aus einem Gemisch verschiedener Fettsäuren (Caprin-, Capryl-, Laurinsäure u.a.), daneben Karotin, Flavone und Flavonoide, Gerbstoffe, Sitosterin, Mannit, Invertzucker und östrogene Substanzen; außerdem wird noch ein nicht näher bekanntes Alkaloid vermutet.

Die Wirkung ist harntreibend und tonisierend im Urogenitalbereich. Pharmazeutische Präparate bewähren sich bei Blasen- und Prostataleiden, Gebärmutterreizungen und manchen Formen der Impotenz.

Die homöopathischen Potenzierungen D1 bis D4 werden bei Prostatabeschwerden, Harnverhalten, aber auch bei Harninkontinenz und Nebenhodenentzündungen, Gebärmutterentzündungen, Impotenz und bei unterentwickelten weiblichen Brüsten verschrieben.

Sarsaparille (Smilax regelii)

Die dornenbesetzte Pflanze wächst rankend und lange unterirdische Ausläufer treibend an Wegrändern und auf Brachland im tropischen Mittel- und Südamerika.

Die Azteken nennen sie nanahua-xochitl, das bedeutet Syphilisblume. Aber diese Geschlechtskrankheit ist keineswegs die einzige und auch nicht die Hauptanwendung von Sarsaparille bei den Indianern, die neben der Wurzel auch die Dornen medizinisch benutzen.

Zur langen Liste der Applikationen dieser Allheilpflanze in der indianischen Medizin gehören:

- Blutreinigung
- Rheumatische Leiden
- Hautunreinheiten
- Hautgeschwüre
- Ekzeme
- Höhenkrankheit
- Geschlechtskrankheiten
- Magenschwäche

Die Inhaltsstoffe der Sarsaparillenwurzel sind verschiedene seltene Saponine (Saraponin, Smilasaponin, Sarsaparillosid, Smilagenin), Glykoside, Sitosterin und geringe Mengen ätherischer Öle sowie Stärke. Bei der europäischen pharmazeutischen Nutzung der Sarsaparille stehen die hautreinigende sowie die schleimlösende Wirkung der Pflanze im Vordergrund.

In der Karibik werden die Früchte der Sabal-Palme von den Kräuterkundigen der ehemaligen Sklaven als wirksames Mittel bei Fischvergiftungen eingesetzt.

Die Homöopathie setzt Sarsaparilla in den Potenzierungen D1 bis D6 gegen Hautausschläge, Schuppenflechte, Furunkel, Gicht, rheumatische sowie Nieren- und Blasenleiden ein.

Sassafras (Sassafras albidum)

Der im südlichen Nordamerika und in Mexiko heimische, auch als Fenchelholz bezeichnete stattliche Baum gehört zu den Lorbeergewächsen.

Die Indianer benutzen die Rinde und vor allem die Wurzelrinde, aber auch die Blätter und die Beeren des Baums, um daraus Tees zu bereiten, die besonders wirksam gegen rheumatische Leiden und Geschlechtskrankheiten sind. Aus den Blüten stellen sie Tees gegen Husten und Blasenentzündungen her. In höheren Dosen verwendeten die Ojibwa ein Dekokt aus dem Wurzelmark als narkotisierendes Mittel bei Knochenbrüchen, Verstauchungen und Verrenkungen. Außerdem wird die Rinde von vielen Indianerstämmen als Aphrodisiakum geschätzt.

Bei der Einnahme von Sassafras ist Vorsicht geboten: Auch hier ist das Maß entscheidend. In geringsten Dosierungen wirkt die Pflanze heilend; bei einer Überdosierung wirkt die an sich hochgiftige Pflanze tödlich.

Substanzen für die Nerven

Die pharmazeutisch vorwiegend genutzte Rinde, aber auch die Blätter enthalten ätherische Öle, vorwiegend Safrol. Im Körper wird dieser Stoff umgewandelt. Dabei entstehen antidepressive und zugleich das Zentralnervensystem tonisierende Substanzen. Allerdings ist das Sassafrasöl giftig und darf nur in geringsten Mengen eingenommen werden.

Stimmungsaufhellende Bedeutung hat das Sassafrasöl jüngst in der Aromatherapie gewonnen. Äußerlich angewendet ist das Öl hilfreich bei Gicht und bei rheumatischen Beschwerden. Die Rinde des Sassafrasbaums findet sich gelegentlich in blutreinigenden Teemischungen.

Sonnenblume (Helianthus annuus)

Die Sonnenblume wird von vielen indianischen Stämmen beider amerikanischer Subkontinente seit langem sowohl als Nahrungs- als auch als Heilmittel geschätzt. Die Samen und das aus ihnen gepresste Öl dienten und dienen noch heute als wichtiges Lebensmittel.

Anwendungen

Arzneien gewinnen die Indianer aus den ganzen Blüten, den Blütenblättern sowie den Blättern und dem Mark der Stängel. Dekokte daraus sind hilfreich bei fiebrigen Infekten; sie helfen aber auch bei rheumatischen Beschwerden, und sie stärken Herz und Kreislauf. Das Sonnenblumenöl senkt den Cholesterinspiegel im Blut.

Wirkstoffe

Die auch bei uns – vornehmlich wegen ihres Geschmacks – sehr geschätzten Kerne der Sonnenblume enthalten in ihrem Öl reichlich ungesättigte Fettsäuren, die vom Organismus nicht synthetisierbar sind und ihm deshalb zugeführt werden müssen. Daneben finden sich auch Vitamin E und wertvolle Mineralsalze (Kalium, Eisen, Phosphor). Um seinen hohen gesundheitlichen Wert zu entfalten, darf das Sonnenblumenöl nicht erhitzt werden und auch nicht zu lange lagern.

In den Blättern, Blütenblättern und Stängeln der Helianthus annuus finden sich:

- Karotin
- Lutein
- Luteinepoxid
- Xanthophyllester
- Saponine
- Cholin

Die Sonnenblume enthält auch andere Substanzen, die in ihrer Gesamtheit fiebersenkend und wohl auch antibakteriell wirken, also zum rascheren Heilungsverlauf entzündlicher Prozesse beitragen können.

Da sie die Sonne als göttlich verehrten, galt die Sonnenblume bei vielen Indianerstämmen als heilig. Sogar die christlichen Missionare sahen in der stets der Sonne zugewandten Pflanze ein Symbol der Zuwendung der menschlichen Seele zum Licht Gottes.

Bei einigen nordamerikanischen Indianerstämmen gilt die Tabakpflanze als heilig, als »gute Medizin«. Dabei spielt eine Rolle, dass der Tabak auch halluzinogene Wirkungen hat.

Tabak (Nicotiana tabacum)

Die Tabakpflanze gilt vor allem mittelamerikanischen Indianerstämmen von alters her als heilig. Allerdings weisen traditionelle Quellen darauf hin, dass die »Urahnen«, denen Gott den Tabak schenkte, den Rauch nicht einatmeten, sondern nur pafften.

Christian Rätsch, der u. a. durch Feldarbeiten beim Stamm der Lakandonen bekannt wurde, zitiert diese: »Wer den Rauch einatmet, dessen Bewusstsein wird sich drehen, schnell schlägt dessen Herz, es schmerzt sein Bauch. Wer den Rauch einsaugt, wird schnell trunken, muss sich alsbald übergeben, hat keine Kraft und große Schmerzen…«.

Die giftige Tabakpflanze, die zu den Nachtschattengewächsen gehört, wird seit einiger Zeit in galenischen Präparaten zur Raucherentwöhnung verwendet.

Wichtig waren den Bewohnern des südamerikanischen Regenwaldes der Tabakrauch, weil er Blut saugende Insekten vertreibt, und das aus dem Rauch gewonnene braune Kondensat, da es Zecken tötet. Auch andere Insektenstiche und Bissverletzungen behandelte man mit dem Tabaksaft. Tabak (als Zigarren oder Pfeifen) rauchen die Indianer Südamerikas auch als Stimmungsverbesserer und zum Bekämpfen von Hungergefühlen bei Nahrungsmangel.

Tabak erzeugt Trancezustände

Einen weitaus intensiveren Gebrauch von Tabak machen südamerikanische Schamanen, die Tabak nicht nur rauchen, sondern auch schnupfen, kauen oder Tabakabsude trinken. Das führt über die Schleimhäute der Atemwege, des Mundes oder des Magens zur raschen Aufnahme des Nikotins und wirkt tranceerzeugend.

Gelegentlich haben Ethnologen berichtet, das sei mit halluzinationsartigen Visionen verbunden, doch ist das primär sicher nicht der Fall. Tabak hat keine psychedelischen Qualitäten. Treten in der Nikotinbenommenheit Visionen auf, dann sind diese in vielen Fällen auf gezielte schamanische Arbeit in diesem Zustand zurückzuführen. Meist aber gehen sie auf Tabakbeimischungen, z. B. von Mormonentee, Aloe, getrockneten Fliegenpilzen, Sassafraswurzelrinde, Peyote, Bilsenkraut, Datura u. a. zurück.

Neben dem Nikotin enthält die Tabakpflanze auch noch andere Alkaloide, darunter Nornikotin, Anabasin und Nikotyrin, daneben u. a. Piperidin, Pyrrolidin, Rutin, Flavone, Kumarine und Beta-Karboline. Nikotin wirkt in geringen Mengen tonisierend auf das zentrale Nervensystem, bei höherer Dosierung lähmend oder sogar tödlich. In der europäischen Schulmedizin spielt Tabak als Heilpflanze praktisch keine Rolle. Doch kennen wir homöopathische Anwendungen der Potenzierungen D4, D6, D12, D30 und D200. Indikationen hierfür sind Migräne, Neuralgien, Muskelschmerzen, Seekrankheit und manche Formen von Gastritis.

Zaubernuss (Hamamelis virginiana)

Die im östlichen Nordamerika bis hinauf nach Kanada heimische Pflanze ist ein drei bis vier Meter hohes Bäumchen, das mitten im Winter blüht. Sein Laub hat es dann verloren.

Die Indianer benutzen Tees und alkoholische Auszüge aus Blättern und Zweigen gegen Durchfall, rheumatische Beschwerden und zum Stillen innerer Blutungen. Salben, hergestellt aus der pulverisierten Rinde vermischt mit Kakaobutter, oder ein Brei aus frischen zerquetschten Blättern helfen ihnen, äußere Blutungen und blutende Hämorrhoiden zu behandeln. Außerdem verwenden sie gefilterte Teeaufgüsse aus den Blättern als Augentropfen bei Bindehautentzündungen und ähnlichen Augenreizungen.

In Europa wird Hamamelis volksmedizinisch kaum benutzt. Wegen der adstringierenden (zusammenziehenden) Wirkung finden sich Hamamelisauszüge aber in verschiedenen hautstraffenden Kosmetika. Daneben gibt es einige Fertigpräparate mit ähnlichen Indikationen wie im indianischen Gebrauch.

Eine wichtigere Rolle spielt Hamamelis in der Homöopathie, die vor allem niedrige Potenzierungen als wirksam bei Venenleiden, schlecht heilenden Wunden und offenen Geschwüren der Mund- und Rachenschleimhäute kennt.

Inhaltsstoffe der Zaubernuss	
Blätter	**Rinde**
• Die Gerbsäure Hamamelitannin	• Gerbstoffe
• Eine Gerbsäure, die von der Gallsäure abstammt	• Physterol
	• Harze
• Bitterstoffe	• Fette
	• Hexosezucker
• Ätherische Öle	• Kalziumoxalat

Anwendungen
von **A** bis **Z**

Ob Allergien oder Verdauungsbeschwerden, ob Kopfschmerzen oder rheumatische Erkrankungen – es gibt kaum eine Krankheit, die indianischen Heilern unbekannt ist und gegen die sie nicht ein Mittel kennen. Selbst schwer wiegende Krankheiten wie die Syphilis, die ihnen unbekannt waren, bevor die weißen Siedler sie aus Unwissen oder Unachtsamkeit einschleppten, konnten und können die Indianer noch heute erfolgreich behandeln. Dabei greifen sie auf konventionelle, traditionelle Heilmethoden zurück. Die meisten phytotherapeutischen Wirkungen der sie umgebenden Pflanzen sind ihnen vertraut, und sie nutzen sie im Einklang mit sich selbst und mit der Natur. Denn sie wissen, dass nur ein ausgeglichener Mensch, der in Harmonie mit der Welt lebt, gesund sein kann.

Ganzheitliches Heilen

Heilpflanzen lassen sich in puncto Anwendungen nicht in ein starres Schema pressen. Es ist ja nicht so, dass sich jede Pflanze nur einer einzigen Krankheit zuordnen lässt, gegen die sie hilft. Viele Heilpflanzen haben sogar ein sehr breites Applikationsspektrum.

Andererseits hilft nicht jedem Menschen dieselbe Pflanze gegen das gleiche Leiden. Es gilt, das Gesamtbild eines Patienten zu erfassen, will man ihn mit Pflanzen ganzheitlich heilen.

Auch können sich hinter äußerlich gleichartigen Krankheitssymptomen manchmal recht unterschiedliche gesundheitliche Defekte verbergen. Selbst wenn auch diese gleichartig sind, so können sie doch in ihrer Entstehungsgeschichte auf verschiedene Ursachen zurückgehen. Ein guter Pflanzenheiler muss all diese Gesichtspunkte berücksichtigen.

Heilpflanzen und europäische Medizin ergänzen sich

Im Rahmen des vorliegenden Buchs lässt sich aber nur ein genereller Überblick anbieten. Deshalb muss hier notgedrungen auf vieles verzichtet werden, wollte man nicht für jeden Patienten ein eigenes Buch schreiben.

Es wurden also nur solche Applikationen gewählt, die sich relativ sicher beschreiben lassen und bei denen sich eine verlässliche Heilpflanzenzuordnung herstellen lässt. Ausgeklammert wurden aber auch weitgehend solche Applikationen, die für Selbstmedikationsversuche zu gefährlich sind (es sei denn, dies ist eigens vermerkt).

Des Weiteren fehlen Anwendungen, für die es in unserem Kulturkreis bewährte und leicht praktikable Lösungen gibt oder die zum gängigen Standardrepertoire unserer Ärzte gehören. Wohl kaum jemand wird in Mitteleuropa Bovistsporen in eine offene Wunde streuen, um diese zu desinfizieren. Dafür gibt es hervorragende Fertigpräparate in jeder Apotheke.

In die klassische Domäne der medizinischen europäischen Standardversorgung soll hier nicht eingegriffen werden, und dies schon gar nicht, wenn es sich um Applikationen handelt, bei denen sich durch laienhaftes Vorgehen Folgeschäden nicht ausschließen lassen.

Die Indianer betrachten ihre Heilpflanzen nicht als Kombination organisch-chemischer Substanzen, die man nur applizieren muss, um automatisch einen Heilungsprozess in Gang zu setzen. Ihre Pflanzen sind beseelt, und die ihnen innewohnenden Geister müssen erst angerufen werden.

Dazu gehören solche Gebiete wie die Augenheilkunde, Entbindungen und Neugeborenenversorgung, Geschlechtskrankheiten, schwere Verbrennungen und tiefe offene Verletzungen sowie Blutungen oder etwa Apoplexie (Hirnschlag).

Wenn in diesem Buch dennoch auch schwere Krankheiten angeführt werden, z. B. Diabetes oder Krebs, dann soll das auf keinen Fall bedeuten, dass der Leser versuchen möge, sie ohne ärztliche Hilfe in einer Art Alleingang behandeln zu wollen. Die gemachten Hinweise können in solchen Fällen allenfalls als unterstützende Maßnahmen – etwa zum generellen Aufbau der körpereigenen Abwehrkräfte – verstanden werden.

Da die Indianer den Menschen als ganzheitliches Wesen erkennen, behandeln sie körperliche Symptome immer im Zusammenhang mit der Seele und dem Geist des Patienten.

Ersatzstoffe auf dem europäischen Markt

Auch Gebiete wie Zahnpflege und Körperhygiene fehlen in diesem Buch, weil es hierfür mehr als genug gute industrielle Präparate auf dem europäischen Markt gibt, unter denen wohl jeder innerhalb breiter Spektren wählen kann. Wer z. B. mit gutem Recht bakterizide Zahncremes ablehnt, der findet auch Dutzende biologisch sinnvollere Zahnputzmittel auf dem Markt als jene, die täglich rund drei Milliarden zur gesunden Mundflora gehörende Bakterien abtöten und damit den Boden für Mundpilze und Aphthen ebnen.

Finden Sie bestimmte Applikationen in der folgenden generellen Übersicht nicht, dann hilft in vielen Fällen das Register weiter. Nicht alles lässt sich schließlich in die grobe Krankheitsklassifizierung auf den folgenden Seiten direkt einordnen.

Viele Zubereitungen aus indianischen Heilpflanzen sind auf dem europäischen Markt seit langem bekannt und hoch geschätzt – zu den Bestandteilen gehört unter anderm Ephedra americana.

Allergien

Vor Kolumbus waren den Indianern Allergien weitgehend unbekannt. Dennoch verfügen sie heute über ein gutes Wissen, solche Fehlfunktionen des körpereigenen Immunsystems erfolgreich zu behandeln. In der vom Weißen Mann dominierten Welt sind auch den Indianern Allergien leider längst nicht mehr fremd.

Gummipflanze (Gum Plant, Tarweed, Grindelia squarrosa)

Die Gummipflanze hat sich vor allem bei Hautallergien bestens bewährt.
Verwendet werden frische oder getrocknete Blätter und Blüten. Man stellt daraus einen alkoholischen Extrakt (siehe Seite 116) her.
Von diesem alkoholischen Extrakt nimmt der Patient täglich 3-mal 10 bis 20 Tropfen ein. Gleichzeitig wird der Extrakt, 1:1 bis 1:2 mit Wasser verdünnt, als Kompresse auf die betroffenen Hautpartien aufgelegt, wo er für jeweils etwa 30 Minuten verbleibt.
Vorsicht mit der Anwendung von Grindelia ist bei Patienten mit Herzleiden geboten.

Blütenpollen

Eine Blütenpollentherapie gegen allergische Schleimhautaffektionen wie z.B. Heuschnupfen zeigt keine sofortige Wirkung beim akuten Krankheitsbild. Sie ist jedoch hervorragend geeignet, um dem Übel, unter dem viele Menschen vor allem im Frühjahr und im Sommer zu leiden haben, langfristig und dauerhaft zu begegnen.
Dazu kaut man 1/2 Jahr bis 1 Jahr lang täglich 3 Teelöffel der Blütenpollen so lange gründlich durch, bis sie sich aufgelöst haben. Erst dann wird der Brei geschluckt. Eine langwierige Therapie, die sich jedoch bewährt hat.

Maisöl

Ein anderes Langzeitpräparat zur Beseitigung von Heuschnupfen und anderen Pollenallergien ist das Maisöl. Man nimmt davon täglich 1 Esslöffel voll zu sich. Auch diese Therapie ist eine recht langwierige Prozedur, die man mindestens 1 Jahr lang durchhalten sollte, bis sich eine Wirkung zeigt.

Die Indianer sind nicht so vermessen zu glauben, Allheilmittel gegen jede Art von Krankheit gefunden zu haben. Ihre ganzheitlichen Heilmethoden setzen jedoch oft da an, wo sich die europäische Medizin geschlagen gibt.

115

Zitterpappel (Populis tremuloides)

Vor Beginn der Pollenflugzeit beschafft man sich die noch geschlossenen Blattknospen der Zitterpappel und trocknet diese als Vorrat. Während des ganzen Frühjahrs trinkt man täglich 1 bis 2 Tassen daraus bereiteten Tee.

Zubereitet wird der Tee folgendermaßen: 1 Teelöffel der getrockneten Knospen wird mit 1 Liter kochendem Wasser aufgebrüht und 15 Minuten ziehen gelassen. Der Tee kann mit Honig (kein Zucker!) gesüßt werden.

Silberkerze (Cimicifuga racemosa)

Die Pflanze eignet sich zur Verwendung bei akuten Allergieschüben als Tee oder als Tinktur. Für den Tee gibt man 1 Teelöffel der zerkleinerten Wurzel in 1 Liter siedendes Wasser und lässt es noch einmal kurz aufwallen. Nach 10 Minuten Ziehzeit ist der Tee fertig. Man trinkt täglich 3 Tassen. Geeignet sind auch 20 bis 30 Tropfen der Wurzeltinktur (siehe Kasten) in 1 Tasse mit warmem Wasser.

Die Silberkerze ist ein Hahnenfußgewächs und kommt vornehmlich in den Wäldern Nordamerikas und Kanadas vor. Die schmalen, in Trauben stehenden weißlichen Blüten brachten ihr ihren Namen ein.

Zubereitung von Pflanzentinkturen

Verwendet werden bevorzugt frische Pflanzenteile, also Wurzeln, Blätter, Blüten oder Früchte. Auf getrocknete Teile greift man ausnahmsweise nur dann zurück, wenn frisches Material nicht zu beschaffen ist. Allerdings können Rinden und holzige Wurzeln generell auch getrocknet benutzt werden.

• Die zu verwendenden Pflanzenteile schneidet man in maximal 1 Zentimeter große Stücke und füllt diese in ein Glasgefäß (am besten Braun-, Grün- oder Blauglas).

• Danach gießt man mit 70-prozentigem Alkohol so weit auf, dass das Pflanzengut mit der Flüssigkeit gerade überdeckt ist. Dann wird das Gefäß verschlossen und an einen warmen, halbschattigen Platz gestellt. Statt des bei Pharmazeuten üblichen 70-prozentigen Alkohols kann man ersatzweise auch 40-prozentigen Wodka verwenden.

• Täglich 1-mal wird der Ansatz gut geschüttelt. Nach 2 Wochen presst man die Tinktur ab und gießt sie durch einen Kaffeefilter. In Braun-, Grün- oder Blauglasfläschchen aufbewahrt ist sie 1 Jahr lang haltbar.

Altersbeschwerden

Nachtkerze (Oenothera biennis)

Verwendet wird der Samen, der die seltene mehrfach ungesättigte Gamma-Linolensäure enthält, die im Organismus die Bildung von Prostaglandinen fördert. Sie geben dem Körper neue Spannkraft, verbessern das körpereigene Abwehrsystem und verzögern den Alterungsprozess.

Weil das aus den Samen gewonnene Öl an der Luft rasch seinen Wert verliert (die Gamma-Linolensäure oxidiert), sollte man für eine mehrwöchige Nachtkerzenölkur in Europa auf die handelsüblichen Nachtkerzenölkapseln zurückgreifen. Außerdem findet sich die Pflanze in Europa meist nur in sehr geringer Zahl in Ziergärten.

Wer genügend Platz und Geduld für den eigenen Anbau der Nachtkerze hat, der kann natürlich auf die Kapseln verzichten und den Samen selbst verwenden. Dazu wird 1 Teelöffel Nachtkerzensamen pro Tag direkt gekaut.

Tolubalsam (Myroxylon balsamum var. balsamum, Toluifera balsamum)

Der harzige Balsam ist in kleinen Klumpen in Apotheken erhältlich. Er besitzt vielseitige Heilwirkungen und gilt deshalb bei südamerikanischen Stämmen als Allheilmittel. Weil er den gesamten Organismus kräftigt, sagt man ihm nicht zu Unrecht nach, dass er auch den Alterungsprozess verlangsamt.

Aus den Harzklumpen stellt man eine Tinktur (siehe Seite 116) her und nimmt davon täglich 5 Tropfen.

Anämie (Blutarmut)

Beinwell (Symphytum officinale)

Beinwell gehört zur Familie der Borretschgewächse und enthält neben Allantoin, Gerbstoffen, Flavonoiden und mehreren Alkaloiden auch Vitamin B12. Verwendet wird die ganze Pflanze (Kraut und Wurzeln), die man trocknet und zerkleinert.

Daraus bereitet man einen Tee, indem man 1 Teelöffel Beinwell mit 1/2 Liter kochendem Wasser überbrüht und 30 Minuten ziehen lässt. Getrunken wird diese Menge über den Tag verteilt.

Beinwell, der volkstümlich auch unter den Namen Beinwurz, Bienenkraut und Schwarzwurz bekannt ist, erfreute sich in Europa schon länger großer Beliebtheit. Auch Hildegard von Bingen und Paracelsus verwendeten das Kraut als Heilpflanze.

117

Löwenzahn (Taraxacum officinale)

Verwendet werden entweder die Wurzel oder die Blätter. Einen Tee bereitet man am besten, indem man frische Blätter in eine Tasse gibt und sie mit kochendem Wasser überbrüht. Man lässt sie 30 Minuten ziehen. Von diesem Tee sollte man täglich 4 Tassen trinken.

Am wertvollsten sind die Blätter, wenn man sie kurz vor dem Öffnen der gelben Blüten erntet. Löwenzahnwurzeln sticht man am besten im Spätherbst oder im zeitlichen Frühjahr, wenn gerade die ersten jungen Blättchen sichtbar werden. Aus der frischen Wurzel bereitet man eine Tinktur (siehe Seite 116), von der man täglich 20 bis 30 Tropfen (in Wasser) zu sich nimmt.

Der äußerst genügsame Löwenzahn ist im Frühjahr und Sommer auch auf europäischen Wiesen ein weit verbreiteter Anblick. Die Pflanze ist vielseitig verwendbar – als Tee, Tinktur oder sogar frisch als Salat.

Holunder (Sambucus canadensis)

Der Holunder hat vielfältige Heilwirkungen, und man verwendet von der Wurzel über die innere Rinde und die Blätter bis zu den Blüten und den reifen Beeren viele Pflanzenteile mit unterschiedlichen Indikationen.

Speziell bei Blutarmut bieten sich die Beeren an. Die Indianer verwenden sie dafür roh. Allerdings müssen sie vollreif sein, weil sie sonst Giftstoffe enthalten können. Die Tagesdosis beträgt 4 Esslöffel des frischen Presssafts. Man kann die Beeren aber auch trocknen und täglich 1 Tasse davon in warmem Wasser quellen lassen und essen. Je nach Geschmack darf mit Honig gesüßt werden.

Brennnessel (Urtica dioica, U. urens)

Man gibt die ganzen getrockneten und zerkleinerten Pflanzen in siedendes Wasser (1 bis 2 Teelöffel pro Tasse) und lässt sie kurz aufkochen. Danach lässt man sie noch 30 Minuten ziehen, bevor man den Sud abgießt. Davon trinkt man 2-mal täglich 1 Schnapsgläschen voll.

Johanniskraut (Hypericum perforatum)

Gegen Blutarmut verwendet man die oberen Teile des Krauts sowie die Blüten und bereitet damit einen Tee: 1 Teelöffel Pflanzenteile auf 1 Tasse kochendes Wasser, 15 Minuten ziehen lassen. Getrunken werden täglich 3 Tassen. Süßen darf man nach Wunsch mit Honig. Man kann auch eine Tinktur (siehe Seite 116) herstellen, von der man täglich 10 bis 15 Tropfen vor den Mahlzeiten einnimmt.

*Sowohl die Blüten
wie die Früchte
des Hollunders
sind bei den Indianern
offizinell.
Die Blüten helfen gegen
Schweißüberproduktion.*

Schafgarbe (Achillea millefolium)

Die Schafgarbe gehört zur Familie der Korbblütlergewächse. Bei einer bekannten Korbblütlerallergie sollte sie natürlich nicht angewendet werden. Verwendet wird das ganze getrocknete Kraut. Daraus bereitet man einen Tee: 1 Teelöffel Pflanzenteile auf 1 Tasse kochendes Wasser, 15 Minuten ziehen lassen. Getrunken werden täglich 3 bis 4 Tassen.

Geeignet zur Behandlung von Blutarmut ist auch eine Frischpflanzentinktur (siehe Seite 116), von der man täglich 10 bis 15 Tropfen einnimmt. Schafgarbentee oder Schafgarbentinktur sollten nicht länger als etwa 2 Wochen verwendet werden. Von einer Langzeittherapie mit Schafgarbe ist abzuraten.

Arteriosklerose

Sternmiere (Stellaria media)

Wer zu arteriosklerotischen Beschwerden neigt, sollte sich auf eine Dauertherapie mit der Sternmiere einstellen, die wenigstens so lange andauert, bis Beschwerdefreiheit erreicht ist. Auch die prophylaktische Weiterverwendung ist durchaus sinnvoll.

Genommen wird das ganze, getrocknete Kraut, von dem man 30 Gramm in 3/4 Liter Wasser so lange kocht, bis der Sud auf 1/2 Liter eingedampft ist. Davon trinkt man 3- bis 4-mal täglich 100 Milliliter.

Löwenzahnsalat, angerichtet mit etwas Sesamöl und frisch durchgepressten Knoblauch, eignet sich hervorragend zur Behandlung von Fieber und ganz allgemein zur Stärkung der körpereigenen Abwehrkräfte.

Mais (Zea mays)

Verwendet wird hier nicht das reife Korn, sondern die so genannten Maisgriffel, die auch als Maisfäden oder als Maisseide bezeichnet werden, also die langen, dünnen, weichen Fäden am Ende der Maiskolben. Diese Droge ist im Apothekenhandel getrocknet erhältlich. Wer an Selbstbeschaffung auf einem Maisfeld denkt, sollte sich vorher unbedingt vergewissern, dass dieses nicht mit Insektiziden oder Unkrautvernichtungsmitteln gespritzt wurde.

Maisgriffeltee bereitet man, indem man 50 Gramm der Griffel 10 Minuten lang in 1 Liter Wasser kocht. Von diesem Dekokt trinkt man täglich 2 bis 3 Tassen.

Die beachtliche Wirkung gegen Arteriosklerose, aber auch gegen zu hohe Cholesterinwerte und gegen hohen Blutdruck ist nicht nur den Indianern vertraut. Auch die traditionelle chinesische Medizin nutzt sie, und vor einigen Jahren bestätigten Forscher in russischen Kliniken entsprechende Heilerfolge.

Der in Mexiko beheimatete Mais spielt auch in den Schöpfungsmythen der Indianer eine große Rolle. Aus seinem Mehl wurden die ersten Menschen erschaffen.

Arthritis

Aloe, Aloe vera (A. barbadensis)

Im Medizinschatz Mittelamerikas und besonders in der Karibik spielen Aloe-Präparate mit ihrer beachtlichen Anwendungsbreite eine wichtige Rolle. Doch fordert die Applikation große Erfahrung, weil die Pflanze nicht nur giftig ist, sondern sich die Giftstoffe schon bei mäßigem Genuss über einige Tage hinweg akkumulieren und dann sogar tödlich wirken können.

Selbstversuche sollten deshalb die innerliche Anwendung unbedingt ausschließen. Für die äußerliche Verwendung gegen Arthritis und rheumatische Beschwerden eignet sich das in Apotheken und Reformhäusern erhältliche Aloe-Gel, das auch bei Sonnenbrand und trockener Haut gute Dienste tut.

Kreosotbusch (Larrea divaricata)

Man gibt 1 Esslöffel der zerkleinerten getrockneten Blätter und Stängel in ein fest verschließbares Glasgefäß von 1/2 Liter Fassungsvermögen (z. B. in eine Milchflasche) und füllt diese dann mit kochendem Wasser auf. Danach verschließt man das Gefäß sofort und lässt es über Nacht an einem warmen Ort stehen, wo es langsam abkühlen kann. Dabei sollte das Gefäß nicht bewegt werden. Vom Inhalt der angesetzten Flüssigkeit trinkt man ab dem nächsten Morgen jeweils vor den Mahlzeiten 125 Milliliter (1/8 Liter).

Rosskastanie (Aesculus hippocastanum)

Von den frischen Blättern und/oder der inneren Rinde junger Zweige übergießt man 30 Gramm mit 1/2 Liter kochendem Wasser und lässt sie 15 Minuten ziehen. Diese Menge trinkt man über den Tag verteilt in 3 Dosen. Statt des Tees kann man aus den Blättern auch eine Tinktur herstellen (siehe Seite 116) und davon täglich 2-mal 2 Teelöffel einnehmen.

Asthma bronchiale

Berberitze (Berberis canadensis)

Man übergießt 15 Gramm der frischen zerquetschten Beeren mit 1/2 Liter kochendem Wasser und lässt sie 10 Minuten ziehen. Die Gesamtmenge trinkt man auf 2 bis 3 Tagesdosen verteilt.

Bilsenkraut (Hyoscyamus niger)

Die extrem giftige Pflanze eignet sich in keiner Weise für Selbstexperimente. In der Hand erfahrener Indianerheiler zeigt sie in geringster Dosierung allerdings so gute Erfolge bei der Behandlung von Asthma, dass sie hier genannt werden soll.
Zum einen kann man die Tinktur der frischen Blätter und der Samen nach ärztlicher Anweisung nehmen, zum anderen eignen sich homöopathische Applikationen. Empfohlen sei dabei eine 1-malige Gabe von Hyoscyamus D200, gefolgt von täglich 2 Gaben in der Potenzierung D6 über 2 bis 3 Wochen hinweg.

Nachtkerze (Oenothera biennis)

Am besten beschafft man sich eine fertige Tinktur, die man allerdings aus den frischen Blättern und der Rinde auch selbst bereiten kann (siehe Seite 116). Davon nimmt man 3-mal täglich 1 Teelöffel (ca. 25 Tropfen).

Datura, Stechapfel (D. stramonium, D. inoxia u. a. m.)

Lediglich homöopathische Dosen dieser Pflanze sind unbedenklich und ergeben in vielen Fällen gute Erfolge bei der Asthmabehandlung. Zu empfehlen sind dabei die Potenzen D4, D6

Wie beim Bilsenkraut sei auch beim Stechapfel entschieden vor Experimenten gewarnt, denn auch die Bestandteile dieser Pflanze sind sehr giftig, und es kommt leider immer wieder zu Todesfällen bei unsachgemäßer Verwendung.

und D12, wobei man täglich entweder 3 Dosen D4 bzw. D6 oder 1 Dosis D12 nimmt. Bei akuten Asthmaanfällen können Datura-Zigaretten rasche Linderung verschaffen. Früher erhielt man sie in Apotheken. Heute muss man sie sich schon selbst drehen.

Man stellt sie aus den getrockneten Blättern und Blüten von Datura her, die man auch bis zu 50 Prozent mit Salbeiblättern mischen kann. Der Rauch wird tief inhaliert und möglichst lange in der Lunge belassen. Die Entkrampfungswirkung tritt sehr schnell ein.

Quebracho-Rinde (Aspidosperma quebracho-blanco)

Man kann aus der Rinde einen Tee bereiten, indem man 1 Esslöffel Rinde in 1/2 Liter siedendes Wasser gibt und kurz aufkocht. Danach lässt man das Ganze noch 15 Minuten ziehen. Getrunken wird diese Menge auf 3 Tagesdosen verteilt, wobei man jeweils kurz vor dem Gebrauch Zitronensaft hinzugibt und bei Bedarf mit Honig süßt.

Der zum Schluss hinzugefügte Zitronensaft ist wichtig, weil das darin enthaltene Vitamin C den Quebracho-Inhaltsstoff Yohimbin leichter löslich und magenfreundlich macht. Vorsicht: Überdosierungen können zu Brechreiz führen. Gegenanzeige: Quebracho-Zubereitungen dürfen nicht während der Schwangerschaft genommen werden.

Die immergrüne Bärentraube kann leicht mit der Preiselbeere verwechselt werden, der sie äußerlich ähnelt. Im Gegensatz zur Preiselbeere ist jedoch die Unterseite der Bärentraubenblätter niemals braun gepunktet.

Bauchspeicheldrüsenentzündung (Pankreatitis)

Erkrankungen der Bauchspeicheldrüse waren und sind zwar bei den Indianern so gut wie unbekannt, doch behandelten indianische Mediziner weiße Siedler nach dem Einschleppen der Krankheit erfolgreich gegen Pankreatitis.

Bärentraube (Arctostaphylos uva-ursi)

Man übergießt 1 gehäuften Teelöffel der getrockneten Blätter mit 1/2 Liter kochendem Wasser und lässt das Ganze 30 Minuten ziehen. Getrunken wird die Gesamtmenge des Tees aufgeteilt in 3 bis 4 Tagesdosen.

Man kann auch eine Tinktur (siehe Seite 116) herstellen und davon 2-mal täglich 1 Teelöffel voll einnehmen. Noch wirksamer ist eine Mischtinktur aus Bärentraubenblättern und Blättern der Zitterpappel (Populus tremuloides).

Die Wirkung des Tonga-Trankes

Der aus Datura-Arten hergestellte Tonga-Trank der Eingeborenen Perus und Kolumbiens (siehe auch Seite 94) wurde eindrucksvoll von Johann Jakob von Tschudi in seinen peruanischen »Reiseskizzen aus den Jahren 1838–1842« beschrieben:

»Bald nach dem Genuss der Tonga verfiel der Mann – ein Indianer – in ein dumpfes Hinbrüten. Sein Blick stierte glanzlos auf die Erde, sein Mund war fast krampfhaft geschlossen, die Nasenflügel waren weit aufgesperrt. Kalter Schweiß bedeckte die Stirn und das erdfahle Gesicht; am Hals schwollen die Jugularvenen fingerdick an. Langsam und keuchend hob sich die Brust …

Dann feuchteten sich die Augen und füllten sich mit großen Tränen. Die Lippen zuckten flüchtig und krampfhaft; die Karotiden (Arterien am Hals) klopften sichtbar. Die Atmung beschleunigte sich und die Extremitäten machten wiederholt automatica Bewegungen.

Eine Viertelstunde mochte dieser Zustand gedauert haben, als alle diese Erscheinungen an Intensität zunahmen. Die nun trockenen, stark geröteten Augen rollten wild in ihren Höhlen. Die Gesichtsmuskeln waren auf das Scheußlichste verzerrt. Zwischen den halb geöffneten Lippen trat ein dicker weißer Schaum hervor. Die Pulse an Stirn und Hals schlugen mit furchtbarer Schnelligkeit. Der Atem war außerordentlich beschleunigt und vermochte die Brust nicht mehr zu heben …

Ein reichlicher, klebriger Schweiß bedeckte den Körper, der fortwährend von den fürchterlichsten Krämpfen geschüttelt wurde … Ein leises unverständliches Murmeln wechselte mit gellendem, herzzerreißendem Geschrei, einem dumpfen Heulen oder einem tiefen Ächzen und Stöhnen.

Lange dauerte dieser furchtbare Zustand, bis sich allmählich die Heftigkeit dieser Erscheinungen milderte und Ruhe eintrat. Zugleich eilten Weiber herbei, wuschen den Indianer am ganzen Leibe mit kaltem Wasser und legten ihn bequem auf einige Schaffelle. Es folgte ein ruhiger Schlaf, der mehrere Stunden dauerte. Am Abend sah ich den Mann wieder, als er gerade im Kreise aufmerksamer Zuhörer seine Visionen und seine Gespräche mit den Geistern seiner Ahnen erzählte. Er schien sehr angegriffen und abgemattet zu sein. Seine Augen waren gläsern, der Körper schlaff und die Bewegungen träge.«

Zur Nachahmung regt dieser Bericht gewiss nicht an. Dennoch versuchen vor allem abenteuerlustige deutsche Jugendliche immer wieder, mit Datura-Blättern, -Blüten und -Samen eigene Erfahrungen zu machen. Viele dieser Experimente führen zu schwersten Vergiftungen und manche leider auch zum Tod.

Blasenleiden

Siehe unter Harnwege, Nieren, Blase (Seite 139).

Blutreinigung

Erdnuss (Arachis hypogaea)

Vorweg sei gesagt, dass die gerösteten und meistens noch dazu stark gesalzenen Erdnüsse, wie man sie generell im Handel findet, so gut wie wertlos sind.

Zur Blutreinigung eignen sich dagegen hervorragend frische oder getrocknete rohe Erdnüsse. Sie sind im Reformhaus erhältlich und dürfen in beliebigen Mengen gegessen werden, sofern man nicht besonders auf seine Pfunde achten muss. Denn Erdnusskerne sind – wie generell alle Nüsse – sehr nährstoffreich. Andere Nebenwirkungen haben Erdnusskerne nicht.

Maisgriffel, Maisseide (Zea mays)

Auch der Kreosotbusch hilft bei Bronchitis. Die Anwendung der Pflanze als abgekühlter Tee ist die gleiche wie die bei Arthritis beschriebene (siehe Seite 120f.).

Die Anwendung der Maisgriffel bzw. Maisseide zur Reinigung des Blutes ist die gleiche wie die unter dem Stichwort »Arteriosklerose«, Seite 120, beschriebene.

Sarsaparille (Smilax regelii)

Will man diese vielseitige indianische Heilpflanze speziell zur Blutreinigung verwenden, dann stellt man am besten eine Teemischung aus 2 Teilen Sarsaparillenwurzeln und je 1 Teil Anis, Fenchel, Sennesblättern und Sassafrasrinde her.

1 Esslöffel der Mischung wird in 1/2 Liter siedendes Wasser gegeben und kurz aufgekocht. Danach lässt man das Ganze noch 20 Minuten ziehen. Getrunken wird die Gesamtmenge über den Tag verteilt. Die Blutreinigungskur sollte sich über wenigstens 3 bis 4 Wochen erstrecken.

Bronchitis

Seidenpflanze (Asclepia tuberosa)

Diese große indianische Heilpflanze ist eines der besten Mittel gegen Bronchitis. Verwenden kann man sie als Aufguss, den man wie folgt herstellt: 1 Teelöffel Pulver des getrockneten

Seidenpflanzenkrauts übergießt man mit 1 Tasse kochendem Wasser und lässt es 30 Minuten ziehen. Das Pulver wird danach nicht abgeseiht.

Täglich trinkt man 3 bis 4 Tassen des auf diese Weise hergestellten Tees. Man kann auch eine Tinktur (siehe Seite 116) bereiten, von der man 4-mal täglich 1 Teelöffel einnimmt.

Bergamotteöl (Monarda bradburiana)

Man beschaffe sich reines ätherisches Bergamotteöl, erhitze es und inhaliere die Dämpfe tief. Die Heilwirkung bei Beschwerden der Atemwege ist beachtlich.

Der aus Westindien stammende Bergamottebaum ist eine Unterart des Orangenbaums und diesem auch äußerlich sehr ähnlich. Das Bergamotteöl wird als Zusatz zu Kosmetika und zu Earl-Grey-Tee verwendet. Wie bei vielen Pflanzen sind auch hier Allergien nicht auszuschließen.

Diabetes mellitus

Teufelskeule (Fatsia horrida)

Verwendet wird die Wurzelrinde, aus der man einen Tee bereitet: 1 Teelöffel der zerkleinerten Rinde auf 1 Tasse kochendes Wasser, 20 Minuten ziehen lassen. Getrunken werden 2 bis 3 Tassen täglich. Die Teufelskeule senkt deutlich den Blutzuckerspiegel, und das ohne jegliche Nebenwirkungen, wie neuere klinische Versuche ergaben.

Durchfallerkrankungen

Durchfallerkrankungen können sehr unterschiedliche Ursachen haben. Die nachstehend angegebenen Heilpflanzenapplikationen zeigen generell eine breite Wirkung. Sie sollte sich aber relativ rasch einstellen. Ist das innerhalb von 2 bis 3 Tagen nicht der Fall, ist unbedingt ein Arzt aufzusuchen, denn dann könnte eine nicht ganz ungefährliche Infektionskrankheit (z.B. Amöbenruhr, Cholera) oder Darmentzündung vorliegen. Stets ist auch auf eine ausreichende Flüssigkeitszufuhr zu achten, um die Salzgleichgewichte im Organismus aufrechtzuerhalten.

Avocado (Persea americana)

Verwendet wird nicht das Fruchtfleisch, sondern der Kern der Avocadopflanze. Er wird zermahlen oder zerraspelt und in einer Pfanne leicht angeröstet. Die Raspeln mischt man dann 1:1 mit getrockneten Wegerichblättern (Spitz- oder Breitwegerich) und kocht davon 1 Esslöffel in 1/2 Liter Wasser kurz auf. Dann lässt man das Ganze noch 20 Minuten ziehen. Getrunken wird die Gesamtmenge über 2 bis 3 Stunden verteilt. Bei Bedarf lässt sich diese Prozedur wiederholen.

Ipecacuanha ist bei uns auch unter dem Namen »Brechwurzel« bekannt, den sie aus gutem Grund erhielt. Die Pflanze stammt aus den brasilianischen Regenwäldern.

Ipecacuanha (Cephaelis ipecacuanha)

Diese hochgiftige Pflanzendroge, die zu den Rötegewächsen zählt, ist nicht zur Selbstmedikation empfohlen. Sie wird hier nur genannt, um zu zeigen, dass Indianer selbst so gefährliche Krankheiten wie die Amöbenruhr erfolgreich bekämpfen können, denn die Inhaltsstoffe dieser wichtigen Heilpflanze aus dem Amazonasbecken töten sogar die Ruhrerreger ab. Bei nur geringer Überdosierung sind sie aber auch für den Menschen lebensbedrohlich.

Mate (Ilex paraguariensis)

Grüner Matetee (erhältlich in Reformhäusern) ist kein spezifisches Mittel gegen Durchfall. In größeren Mengen getrunken, wirkt er sogar leicht abführend. Doch hilft er generell gegen Magen- und Darmleiden.

Er entschlackt und entgiftet. Damit reguliert er die Verdauung und wirkt deshalb auch gegen solche Durchfälle, die nicht von Erregern verursacht sind, sondern sich auf Verdauungsstörungen oder nervöse Prozesse zurückführen lassen. Zu empfehlen ist Matetee besonders dann, wenn Durchfall und Verstopfungen einander häufig abwechseln.

Bei Magen-Darm-Beschwerden hilft ein Tee des frischen oder getrockneten Schafgarbenkrauts. Noch besser entfaltet die Schafgarbe ihre Heilwirkung, wenn man den Tee mit Kalmus und Anis mischt.

Schafgarbe (Achillea millefolium)

Ähnlich der Matepflanze wirkt auch Schafgarbentee regulierend und harmonisierend auf Magen und Darm. Er hilft damit sowohl gegen hartnäckige Verstopfungen wie gegen Durchfälle. Indianer verwenden diese große Heilpflanze vor allem gezielt gegen dünne, blutige Stühle.

Bereitet wird der Tee aus dem frischen oder getrockneten Kraut, indem man 1 Teelöffel mit 1 Tasse kochendem Wasser überbrüht und 10 bis 15 Minuten ziehen lässt. Vorteilhaft sind Mischungen von Schafgarbe mit Kalmus und Anis zu gleichen Teilen oder 3 Teile Schafgarbe mit 2 Teilen Damiana-Blättern und 1 Teil Kalmuswurzel bei gleichartiger Zubereitung. Getrunken werden täglich 3 bis 4 Tassen.

Erkältungen, Influenza

Die Zahl der indianischen Pflanzenheilmittel gegen Erkältungskrankheiten ist Legion. Es gibt deren weit über 100. Hier seien nur einige wenige genannt, die sich besonders bewährt haben und die in Mitteleuropa leicht zugänglich sind.

Holunder (Sambucus nigra)

Verwendet werden Holunderblüten zur Vorbeugung gegen Erkältungskrankheiten. Man bereitet daraus einen Tee, indem man 2 gehäufte Esslöffel der frischen oder getrockneten Blüten mit 1/2 Liter kochendem Wasser übergießt und 10 Minuten ziehen lässt. Trinkt man den Tee sehr heiß, dann wirkt er schweißtreibend. Für die Erkältungsprophylaxe sollte man ihn aber lauwarm verwenden. Getrunken wird die gesamte Menge über den Tag verteilt.

Linde (Tilia platyphyllos)

Auch Lindenblüten sind ein gutes Vorbeugungsmittel bei drohender Erkältungsgefahr. Für die Zubereitung und Anwendung als Tee gilt genau das Gleiche wie für die Holunderblüten. Besonders bewährt ist eine Teemischung aus 2 Gewichtsteilen Lindenblüten und je 1 Teil Hagebutten (mit Kernen), getrockneten Heidelbeeren und Kamillenblüten. Diese Teemischung sollte aber nicht nur überbrüht, sondern zusätzlich noch kurz aufgekocht werden.

Der Holunder ist auch in der europäischen Volksmedizin sehr beliebt. In zahlreichen Märchen und Mythen werden ihm magische Kräfte nachgesagt; auch als Schutz vor bösen Geistern wird er gerne gesehen.

Spitzwegerich (Plantago lanceolata)

Spitzwegerichblätter sind nicht nur schleimlösend im Nasen-Rachen-Raum, sie bewähren sich besonders gut auch bei fest sitzendem Husten. Bereitet wird ein Tee, indem man 2 Esslöffel der Blätter mit 1/2 Liter kochendem Wasser überbrüht und 15 Minuten ziehen lässt. Nach dem Abseihen sollte man kräftig mit Honig süßen. Täglich trinkt man 2 bis 3 Tassen, davon die erste früh auf nüchternen Magen.

Kiefer, Weißkiefer (Pinus alba)

Man stellt aus der Rinde eine Tinktur (siehe Seite 116) her und nimmt davon 3-mal täglich 1 Teelöffel voll.

Bewährt hat sich auch eine Tinktur aus den frischen Trieben sowie aus den jungen (noch weichen) zerkleinerten Zapfen bei gleicher Applikation. Bei der Anwendung von Trieben oder Zapfen spielt die Kiefernart nur eine untergeordnete Rolle. Neben der Weißkiefer lassen sich hier auch die Rotkiefer und vor allem die alpine Latschenkiefer verwenden.

Rainfarn (Tanacetum vulgare)

Trotz ihres Namens ist diese Pflanze kein Farn, sondern eine Blütenpflanze aus der Familie der Korbblütler. Verwendet wird das ganze blühende Kraut, aus dem man eine Tinktur bereitet. Davon nimmt man alle 3 Stunden 10 Tropfen ein. Dieses Rezept eignet sich natürlich nicht für Personen mit bekannter Korbblütlerallergie.

Gelsemium (Gelsemium sempervirens)

Man bereitet eine Tinktur aus der frischen oder getrockneten Wurzel (siehe Seite 116) und nimmt davon alle 2 bis 3 Stunden 10 bis 15 Tropfen in etwas Wasser zu sich. Dieses Präparat eignet sich besonders bei akuten Erkältungen.

Fieber

Generell sollte man Fieber nicht sofort bekämpfen. Erstickt man es immer im Keim, dann gewöhnt sich der Körper die wunderbare Fähigkeit des Fieberns mit der Zeit mehr und mehr ab, und das bedeutet eine erhebliche Schwächung seiner natürlichen Abwehrkräfte.

Fieber, auch hohes Fieber, ist ein Heilungsvorgang, der darauf gerichtet ist, körperfremde Schadstoffe durch ein gesteigertes Stoffwechselgeschehen rascher auszuscheiden. Dazu gehören besonders die giftigen Stoffwechselprodukte von Krankheitserregern.

Unter 40 °C würde ich persönlich niemals ein fiebersenkendes Mittel verwenden. Hohes Fieber schwächt viele Erreger unmittelbar. Steigt das Fieber aber einmal zu weit (deutlich über 41 °C), dann wird es lebensbedrohlich.

Bei einem Menschen mit guter Konstitution und einem gesunden Abwehrsystem wird das normalerweise nicht geschehen, aber bei Menschen mit zivilisationsbedingten Vorschäden und bei manchen tropischen Erkrankungen kann ein solch hohes Fieber durchaus vorkommen. In diesem Fall sind fiebersenkende Mittel unerlässlich.

Quassia-Holz (Quassia amara)

Aus dem fein geraspelten Holz der völlig zu Recht auch als Bitterholzbaum bezeichneten Pflanze wird als fiebersenkendes Mittel ein Tee zubereitet. Dazu überbrüht man 1 Teelöffel des Quassia-Holz-Baums mit 1 Tasse kochendem Wasser und lässt den Tee 15 Minuten ziehen. Getrunken wird der Tee schluckweise. Bei zu hoher Dosierung ist Brechreiz nicht auszuschließen, aber ungefährlich.

Das Quassia-Holz ist in Europa auch unter dem Namen »Simarouba-Baum« bekannt. Es gehört zu den Bittereschengewächsen und kommt im nördlichen Südamerika sowie auf den Antillen vor.

Sonnenblume (Helianthus annuus)

In unseren Breiten weitgehend unüblich, aber bei den alten Maya gebräuchlich und durchaus wirkungsvoll gegen hohes Fieber eingesetzt ist ein Absud von Blättern und Blütenblättern der Sonnenblume. Die Blütenblätter erhält man getrocknet in der Apotheke.

Man überbrüht 1 Esslöffel der getrockneten Blütenblätter mit 1/4 Liter kochendem Wasser, lässt das Ganze 10 Minuten ziehen und süßt den Tee dann mit Honig. Davon trinkt man täglich bis zu 3 Tassen. Steigern lässt sich die fiebersenkende Wirkung noch, indem man die Blütenblätter der Sonnenblume 1:1 mit Lindenblüten mischt. Sonnenblumen sind ungeeignet für Patienten mit Korbblütlerallergie.

Fieberklee, Bitterklee (Menyanthes trifoliata)

Trotz ihres Namens besitzt diese sehr bitter schmeckende Pflanze keine unmittelbar fiebersenkenden Bestandteile. Dass sie nicht nur von Indianern dennoch regelmäßig bei fiebrigen Erkrankungen gegeben wird, hängt mit ihrer allgemein tonisierenden Qualität zusammen, die dazu beiträgt, schneller zu genesen.

Bewährt ist ein Fieberkleetee aus 1 Teelöffel Blättern pro 1/4 Liter Wasser, der zunächst kalt angesetzt und dann zum Sieden gebracht wird. Man lässt das Ganze ca. 1 Minute lang kochen, seiht dann ab und lässt den Tee abkühlen, bis er etwa lauwarm ist. Dann trinkt man den Fieberkleetee ungesüßt in kleinen Schlucken auf nüchternen Magen.

Blumenhartriegel (Dogwood, Cornus florida)

Blumenhartriegel ist bei den Indianern nach dem Chinin die bedeutendste fiebersenkende Pflanze. Sie soll sogar so ernsten Tropenkrankheiten wie Malaria, Typhus und Gelbfieber beikommen.

Die Indianer verwenden sowohl die Wurzelrinde wie die Früchte und die Blüten. Offizinell wird in Europa aber nur die Rinde gebraucht.

Man übergießt 1 Teelöffel der Pflanzenrinde mit 1 Tasse kochendem Wasser und lässt die Mischung 30 Minuten lang ziehen.

Der nordamerikanische Indianerstamm der Chirokesen oder Cherokees hatte seine Heimat in den südwestlichen Appalachen, bevor er 1832 nach Oklahoma vertrieben wurde.

Täglich 3-mal nimmt man nicht mehr als einen großen Schluck zu sich, und vor dem Schlafengehen trinkt man zusätzlich noch 1/2 Tasse. Auch eine Tinktur lässt sich herstellen (siehe Seite 116), von der man 3-mal täglich 1 Teelöffel (ca. 25 Tropfen) nimmt.

Traubenkirsche (Prunus serotina)

Verwendet wird die pulverisierte Rinde. Davon übergießt man 1 Teelöffel mit 1 Tasse kochendem Wasser und trinkt den Absud, sobald er etwas abgekühlt ist, zusammen mit dem Pulver. Die Tagesdosis liegt bei 3 Tassen. Als Tinktur (siehe Seite 116) nimmt man 3-mal täglich 20 bis 30 Tropfen.

Fieberwurz (Triosteum perfoliatum)

Das ist das große Fiebermittel der Chirokesen. Sie bereiten einen Tee aus dem ganzen zerkleinerten Kraut. Dafür wird 1 Teelöffel Kraut mit 1 Tasse kochendem Wasser übergossen und 10 Minuten ziehen gelassen. Man trinkt 3 Tassen über den Tag verteilt.

Bei besonders heftigen katarrhalischen Fiebererkrankungen verwendet der Stamm der Chirokesen die getrocknete und pulverisierte Wurzel. Davon kommt 1 Teelöffel auf 1 Tasse kochendes Wasser. Getrunken werden hiervon täglich 3 bis 5 Tassen.

> ## Warnung
>
> In manchen Büchern über Indianerheilpflanzen wird als Mittel zur Menstruationsförderung das Goldgelbe Kreuzkraut (Senecio aurens) empfohlen. Die Heilwirkung dieser Pflanze ist zwar unbestritten, aber die neuere Forschung hat ergeben, dass selbst geringe Gaben nachhaltig die Leber zerstören, und das erst mehrere Monate nach der Einnahme, so dass es schwer war, dem Zusammenhang mit der »Heilpflanze« überhaupt auf die Spur zu kommen. Diese bei schon geringfügig zu hoher Dosierung sogar tödliche Wirkung gilt für alle Senecio-Arten!

Frauenleiden

Avocado (Persea americana)

Der Avocadobaum ist eine der ältesten bekannten Heilpflanzen der Indianer Mittel- und Südamerikas. In Südmexiko lässt sich sein Anbau bis in die Zeit um 7800 v. Chr. zurück nachweisen. Ein Grund für die Beliebtheit dieses Baums ist, dass zumindest die Anwendung der Früchte ebenso einfach wie angenehm ist. Man braucht sie nur zu essen. Avocadofrüchte, regelmäßig genossen, helfen bei Magengeschwüren, vor allem aber bei Menstruationsproblemen unterschiedlichster Natur.

Sabal-Palmenfrüchte (Serenoa serrulata)

Die Früchte, deren Inhaltsstoffe die Durchblutung praktisch aller Unterleibsorgane fördern, bewähren« sich bei Gebärmutterentzündungen und können sogar manche Formen der Unfruchtbarkeit beheben. Auch zur besseren Entwicklung der weiblichen Brust tragen sie bei.

Am einfachsten bedient man sich dazu der in Apotheken erhältlichen Sabal-Tinkturen (Urtinktur oder homöopathische Potenzen D1 bis D4). Natürlich kann man auch selbst eine Tinktur (siehe Seite 116) herstellen.

Ananas (Ananas comosus)

Zur Förderung des Menstruationsflusses bei zu schwacher Mensis verwenden Stämme der Karibik den inneren Strunk unreifer Ananasfrüchte. Er wird zerrieben, und 2- oder 3-mal täglich nimmt man davon etwa 1 Teelöffel voll ein.

Guacamole (Avocadodip): Man püriert das Fruchtfleisch von 1 Avocado und würzt es mit etwas Salz, Zitronensaft, Knoblauch und Tabasco. Die Beigabe des Kerns in den fertigen Dip verhindert, dass die Guacamole zu schnell oxidiert und unansehnlich braun wird.

Auf keinen Fall darf man diese Droge während einer Schwangerschaft essen, weil Fruchtschäden oder sogar ein Abort die Folge sein können. Überhaupt empfiehlt es sich, während der Schwangerschaft auf den Genuss von Ananas generell zu verzichten. Abzuraten ist auch von jeglichen Experimenten mit wilden Ananasarten, unter denen es einige giftige gibt.

Mais (Zea mays)

Gegen Menstruationsbeschwerden, aber auch als Mittel gegen Unfruchtbarkeit und zur Kräftigung nach einer Entbindung bewährt sich Maisgriffeltee.

Man stellt den Tee her, indem man 50 Gramm der getrockneten Griffel in 1 Liter Wasser 10 Minuten lang kochen lässt. Davon sollte man täglich 2 bis 3 Tassen trinken.

Maisgriffeltee, den man bereitet, indem man 1 Teelöffel der Haarfäden mit 1 Tasse kochendem Wasser überbrüht und dann 15 Minuten ziehen lässt, bewährt sich bei verspätet einsetzender Menstruation. Davon sollte man 3-mal täglich 1 Tasse zu sich nehmen.

Die Wirkung der Hirtentäschelpflanze ist in der europäischen Medizin umstritten. Einige Forscher behaupten, dass die Pflanze gar nicht wirke, sondern lediglich ein auf ihr parasitierender Pilz.

Breitwegerich (Plantago major)

Der frische Presssaft aus den Blättern der Pflanze (in Reformhäusern erhältlich) dämmt entweder als reiner Saft oder als eine Art Tee in warmem Wasser eingenommen zu starke Regelblutungen ein.

Hirtentäschel (Capsella bursa-pastoris)

Das getrocknete Kraut reduziert zu starke Regelblutungen. Zubereitet wird daraus ein Tee, indem man 1 Teelöffel Kraut mit 1 Tasse kochendem Wasser übergießt und 30 Minuten ziehen lässt. Man trinkt täglich 1 bis 2 Tassen.

Warnung

In manchen Büchern über Indianerheilpflanzen wird ein Tee aus frischen Lebensbaumtrieben (Thuja occidentalis) als menstruationsfördernd empfohlen. Eine derartige Anwendung verlangt eine ausgereifte Diagnosetechnik, denn manche Patientinnen reagieren auf das in den Thuja-Blättern enthaltene ätherische Öl Thujon mit Krämpfen, spontanem Blutdruckabfall und sogar Koma und Tod.

Zaubernuss (Hamamelis virginiana)

Eines der wirkungsvollsten Mittel gegen eine zu starke Menstruation und vor allem gegen innere Regelblutungen und Uterusblutungen ist ein Tee aus der Rinde oder den Blättern der Zaubernuss. Hergestellt wird er, indem man 4 Esslöffel der getrockneten Droge mit 1/2 Liter kochendem Wasser übergießt und 10 Minuten ziehen lässt. Nach dem Abkühlen trinkt man 3 bis 4 Tassen über den Tag verteilt in kleinen Schlucken.

Johanniskraut (Hypericum perforatum)

Man bereitet einen Tee aus den getrockneten Krautspitzen und Blüten (1 Teelöffel auf 1 Tasse kochendes Wasser, 10 Minuten ziehen lassen). Davon trinkt man gegen zu starke Blutungen täglich 2 Tassen.
Außerdem empfiehlt es sich, 1- oder 2-mal am Tag einen Tampon mit dem Johanniskrauttee zu tränken und in die Vagina einzuführen.

Salbei (Salvia officinalis)

Der offizinelle Salbei stabilisiert die unregelmäßige Menstruation und hilft auch gegen krampfartige Regelschmerzen. Getrunken wird über den Tag verteilt 1 Tasse der folgenden Teezubereitung: 1 Teelöffel der zerkleinerten Blätter mit 1 Tasse kochendem Wasser überbrühen und 10 Minuten ziehen lassen. Bitte verwenden sie nur die Art Salvia officinalis. Es gibt – auch als Gartenzierpflanzen – zahlreiche verschiedene Salbeiarten, von denen einige giftig sind!

Gallenblasenleiden

Boldo-Blätter (Peumus boldus)

Die Blätter des Boldo-Baums enthalten u.a. Alkaloide, die die Gallen- und Magensaftsekretion stark anregen und zugleich den nervösen Magen beruhigen. Verwendet werden sie am besten als Tee.
Um den Tee zuzubereiten, gießt man 1 Teelöffel (ca. 2 Gramm) mit 1 Tasse kochendem Wasser auf und lässt ihn 10 Minuten ziehen. Von dieser Teezubereitung trinkt man täglich 2 Tassen, nicht mehr. Man kann Boldo-Blätter auch mit trockenem (auf keinen Fall lieblichem) Weißwein (20 Gramm pro 700 Milliliter)

Das Johanniskraut hat sich nicht nur bei Menstruationsbeschwerden, sondern auch bei Zuständen der Übererregtheit bewährt. Es wirkt generell beruhigend, und auch positiv bei Depressionen.

133

ansetzen und diese Mischung 1 Woche lang stehen lassen. Davon trinkt man dann 1 Woche lang täglich 1 kleines Glas voll (ca. 100 Milliliter).

Papaya (Carica papaya)

Sowohl die Früchte als auch die Blätter der Papaya enthalten Stoffe, die die Gallen- und Magensaftsekretion anregen und die dem Körper durch das in der Pflanze enthaltene Enzym Papain helfen, schwer verdauliche Eiweiße umzusetzen. Man kann unmittelbar die reifen oder auch die unreifen Früchte essen.

Man kann aber auch aus getrockneten Papayablättern einen Tee bereiten. Dazu übergießt man 1 Teelöffel mit 1 Tasse kochendem Wasser und lässt ihn 15 Minuten ziehen. 1 Tasse nach jeder größeren Mahlzeit tut gute Dienste.

Die Maisgriffel bzw. Maisseide werden ebenfalls erfolgreich bei Gallenblasenbeschwerden angewendet. Die Verwendung und die Indikation ist die gleiche wie beim Löwenzahn.

Löwenzahn (Taraxacum officinale)

1 Teelöffel der getrockneten, zerkleinerten Wurzel übergießt man mit 1 Tasse kochendem Wasser und lässt das Ganze 15 Minuten ziehen. Getrunken werden täglich 2 bis 3 Tassen zur Anregung der Gallensaftsekretion.

Hirtentäschel (Capsella bursa-pastoris)

Verwendung und Indikation wie bei Löwenzahn. Hierzu nimmt man das gesamte Kraut.

Möhre (Daucus carota)

Verwendet wird das getrocknete Möhrenkraut. Applikation und Indikation wie bei Löwenzahn.

Sauerdorn (Berberis vulgaris)

Gallenblasenentzündungen kommt man mit einem Tee aus Sauerdornwurzeln, Sauerdornrinde oder aus den getrockneten Beeren der Pflanze bei. Zubereitet wird es wie der Löwenzahntee, und auch die Dosierung ist die gleiche.

Berufkraut (Erigeron philadelphicus)

Ein aus den frischen blühenden Spitzen der so genannten Berufkrautpflanze bereiteter Tee (1 Teelöffel des zerkleinerten Materials mit 1 Tasse kochendem Wasser übergießen und 10 Minuten ziehen lassen) ist hilfreich gegen Gallengries. Getrunken werden täglich 3 Tassen.

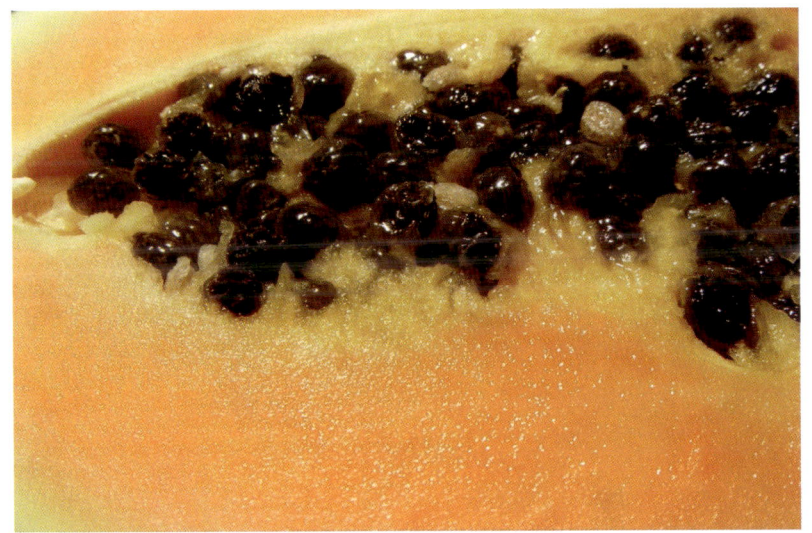

Die Früchte der Papaya und besonders die Kerne enthalten Papain, ein Enzym das die Verdauung unterstützt.

Schöllkraut (Chelidonium majus)

Aus dem getrockneten Kraut und der Wurzel bereitet man einen Tee (1 Teelöffel auf 1 Tasse kochendes Wasser, 10 Minuten ziehen lassen). 3 Tassen täglich beseitigen mittelfristig (3 bis 4 Wochen) kleinere Gallensteine. Außerdem bewährt sich dieser Tee akut gegen Gallenkoliken.

Patienten mit hohem Blutdruck sollten den Tee aber nicht trinken. Achtung: Bei der genannten Dosierung ist nicht mit Nebenwirkungen zu rechnen. Höhere Dosen oder eine langfristige Anwendung sind zu vermeiden, weil die Pflanze einige schwach giftige Alkaloide enthält.

Rhabarber (Rheum palmatum)

Verwendet werden die getrockneten Wurzeln. Applikation und Indikation sind die gleichen wie beim Schöllkraut. Auch hierbei sollte man aber nicht höher dosieren als angegeben.

Sassafras (Sassafras albidum)

Die Rinde der Pflanze, besonders die Wurzelrinde, hilft bei Gallenkoliken und Leberschmerzen und kann sogar Gallensteine beseitigen.

Verwenden kann man das in Apotheken erhältliche Sassafrasöl, von dem man 1-mal täglich 20 Tropfen auf Würfelzucker einnimmt. Diese Dosis darf man jedoch auf keinen Fall überschreiten, da sonst Nierenreizungen auftreten können. 5 Milliliter

Schon Theophrast kannte die heilende Wirkung des an sich giftigen Schöllkrauts. Er benutzte es bei Leber- und Gallenblasenbeschwerden. In der Volksmedizin kannte man es vor allem als Mittel gegen Warzen.

135

oder mehr können bereits schwerste Vergiftungserscheinungen auslösen! Weniger problematisch dagegen ist die Verwendung von Sassafrasrinde als Bestandteil von Teemischungen. Hier ist besonders die folgende zu empfehlen: 3 Teile Boldo-Blätter, 3 Teile Brennnesselblätter, 2 Teile Erdbeerblätter, 2 Teile Brombeerblätter, 1 Teil Sassafrasrinde.

Von dem Gemisch übergießt man 1 Esslöffel mit 1/2 Liter kochendem Wasser und lässt das Ganze 15 Minuten ziehen. Getrunken wird die Gesamtmenge über den Tag verteilt.

Eine Gichterkrankung bleibt oft jahrelang unerkannt, weil der Patient vor dem ersten Anfall keinerlei Beschwerden hat. Lediglich erhöhte Harnsäurewerte weisen auf die Krankheit hin.

Gicht

Gicht gehört zu jenen Leiden, die den meisten Indianerstämmen vor der europäischen Besiedlung weitgehend unbekannt waren. Nach der Kolonialisierung durch die weißen Eroberer fanden die indianischen Medizinmänner aber überraschend schnell Heilpflanzen, mit denen sie vor allem erfolgreich die weißen Siedler behandelten.

Wasserdost (Eupatorium perfoliatum)

Man stellt aus den Blättern einen Tee her: 1 Teelöffel der zerkleinerten Droge wird mit 1 Tasse kochendem Wasser übergossen und 15 Minuten ziehen gelassen. Davon trinkt man täglich 3 bis 5 Tassen.

Goldrute (Solidago canadensis, S. gigantea)

Anwendung und Indikation wie bei Wasserdost. Neben der hier angeführten Art wird in Apotheken auch die Echte Goldrute, Solidago virgaurea, geführt. Ihre Wirkung ist in etwa die gleiche, jedoch schwächer.

Kermesbeere (Phytolacca americana)

Die Indianer verwenden sowohl die Wurzel als auch die getrockneten Beeren dieser Heilpflanze für die Zubereitung von Tees gegen Gicht und andere mit Gelenkschmerzen einhergehende Erkrankungen.

Weil die Kermesbeere sehr giftig ist, sei von Selbstversuchen mit der Pflanze jedoch abgeraten. Nützlich sind hingegen homöopathische Präparate (Urtinktur bis D3), die aber verschreibungspflichtig sind.

136

Sassafras (Laurus sassafras)

Man bereitet aus der Wurzelrinde des Sassafras eine Tinktur (siehe Seite 116) und verwendet diese äußerlich zur Einreibung der von Gicht befallenen Gelenke sowie für warme Umschläge.

Quassia, Bitterholz (Quassia amara)

Zur Anwendung des Bitterholzes bei Gicht bereitet man einen Tee aus 0,5 Gramm fein geschnittenem Holz. Diese geringe Menge entspricht etwa 1/5 Teelöffel. Die Späne werden mit 1 Tasse kochendem Wasser übergossen.

Danach den Tee 20 Minuten ziehen lassen und ungesüßt vor jeder der beiden Hauptmahlzeiten trinken. Höhere Dosierungen des Bitterholzes sind zwar nicht gerade gefährlich, können aber zu Brechreiz führen.

Statt des Tees lässt sich auch erfolgreich ein Quassia-Wein ansetzen. Dazu gibt man 3 gehäufte Teelöffel des Holzes zusammen mit 2 Zimtstangen, 1 Vanilleschote und 1 Esslöffel Macis in 700 Milliliter Madeira oder trockenen Portwein und lässt ihn 1 Woche ziehen. Danach wird abgeseiht. Von diesem Wein trinkt man vor jeder der beiden Hauptmahlzeiten 1 Gläschen voll.

Die Rinde des Amerikanischen Faulbaums kann ebenfalls gegen Gicht eingesetzt werden. Dazu bereitet man einen Tee. Applikation und Indikation sind ähnlich wie bei Wasserdost.

Guajakholz (Guaiacum sanctum, G. officinale)

Weil sowohl das Guajakharz als auch das Guajakholz bei zu hohen Dosierungen zu unerwünschten Nebenwirkungen im Magen- und Darmbereich führen kann, rate ich von Experimenten auf eigene Faust ab.

Allenfalls kann man das fein geschnittene Guajakholz zu 10 bis 20 Prozent blutreinigenden Teemischungen beigeben. Ungefährlich und hilfreich sind dagegen homöopathische Gaben von Guaiacum in den Potenzen D1 bis D4 gegen Gicht und rheumatische Beschwerden.

Sind Sie ein Gichtkandidat?

- Sind Ihre Harnsäurewerte erhöht?
- Leiden Sie an Übergewicht?
- Treiben Sie wenig Sport?
- Sind Ihre Blutfettwerte erhöht?
- Trinken Sie regelmäßig Alkohol?
- Ernähren Sie sich ballaststoffarm?

Grippe

Chinarinde (Cinchona pubescens)

Als wirksames Grippemittel stellt man sich am besten einen Chinarindenwein her. Dazu gibt man 2 gehäufte Esslöffel Rinde, 2 Stangen Zimt und etwas Safran in 700 Milliliter trockenen Weißwein und lässt den Ansatz 1 Woche lang stehen. Dann wird abgeseiht.

Weil die Herstellung des Chinarindenweins relativ lange dauert, empfiehlt es sich, in der Grippesaison eine Flasche auf Vorrat zur Verfügung zu haben. Getrunken werden 2 oder 3 Schnapsgläschen voll während des Tages. Wem dieser Chinawein zu bitter ist, der kann es auch mit dem Homöopathikum China D2 (3-mal täglich) versuchen.

Sonnenblume (Helianthus annuus)

Verwendet werden die getrockneten Blütenblätter. Man überbrüht 1 Esslöffel davon mit 1/4 Liter kochendem Wasser, lässt das Ganze 10 Minuten ziehen und süßt dann mit Honig. Bewährt ist dieser Tee, von dem man täglich 2 bis 3 Tassen trinkt, besonders bei grippalen Erkrankungen mit hohem Fieber.

Statt der reinen Sonnenblumenblätter kann man Gewinn bringend auch eine Mischung aus 50 Prozent Sonnenblumenblättern und 50 Prozent Lindenblüten verwenden. Lindenblütentee ist vor allem für seine schweißtreibende Wirkung bekannt.

Die Tomate ist in Mittelamerika schon lange bekannt. Die Azteken nannten sie tomatl, was so viel heißt wie pralles, rundes Ding. Nach Europa kam die wohlschmeckende Frucht erst im 16. Jahrhundert.

Tomate (Lycopersicon spez.)

Ein einfaches Mittel bei grippalen Infekten ist es, eine größere Zahl vollreifer Tomaten zu essen oder frisch gepressten Tomatensaft (der käufliche Fertigsaft ist wertlos) zu trinken.

Indianer bereiten gelegentlich Tees aus Tomatenblättern, wovon aber dringend abzuraten ist; denn diese Blätter enthalten erhebliche Mengen des giftigen Alkaloids Tomatin.

Weide (Salix nigra)

Grippeerkrankungen, die mit starken Gliederschmerzen einhergehen, lassen sich mit Weidenrinde deutlich lindern. Man übergießt dazu 1 Esslöffel Rinde mit 1/4 Liter kochendem Wasser und lässt sie 20 Minuten ziehen. Noch besser ist es, die Rinde kalt anzusetzen, zum Sieden zu bringen und 10 Minuten lang

Der Chinarindenbaum gilt auch in Europa seit langem als Heilpflanze, wie diese Illustration aus einem Pharmakologiebuch von 1845 beweist.

bei schwacher Hitze kochen zu lassen. Süßen mit Honig und eine Zugabe von Zitronensaft (Vitamin C!) verbessern nicht nur den Geschmack, sondern auch die Wirkung.

Erkrankungen der Harnwege, Nieren, Blase

Kürbis (Cucurbita pepo, C. moschata)

Kürbissamen sind ein probates Mittel gegen Beschwerden beim Wasserlassen. Sie helfen bei Blasenschwäche und Prostatavergrößerung. Allerdings zeitigen sie keinen raschen Erfolg. Eine Kürbiskur, bei der man täglich 1 bis 2 Esslöffel der Samen isst, sollte am besten mehrere Monate dauern.

Mais (Zea mays)

Ein Tee aus Maisgriffeln bzw. Maisseide (50 Gramm werden 10 Minuten lang in 1 Liter Wasser gekocht, die Gesamtmenge trinkt man über den Tag verteilt) wirkt nicht nur entschlackend, er beseitigt auch Entzündungen im Bereich der Harnwege und der Genitalien und kann sogar Nierensteine austreiben.

Sassafras (Sassafras albidum, S. officinale)

Sassafras ist nicht nur zur Blutreinigung geeignet; auch zur Behandlung von allgemeinen Beschwerden der Harnwege leistet es gute Dienste.

Kürbiskerne sind außergewöhnlich reich an Mineralien und Spurenelementen. Neben Kalium, Kalzium, Magnesium und Phosphor enthalten sie auch Eisen, Kupfer, Mangan, Selen und Zink.

Dazu bereitet man am besten eine Teemischung. Sie besteht aus je 1 Teil Sassafrasrinde, Bockshornkleesamen, Erdbeerblättern, Brombeerblättern, Brennnesselblättern, Faulbaumrinde und Sarsaparillenwurzel.

Davon überbrüht man 1 Esslöffel mit 1/2 Liter Wasser und lässt das Ganze 15 Minuten ziehen. Getrunken wird die Gesamtmenge auf 3 Tassen verteilt im Lauf des Tages. Eine Kur mit diesem Tee sollte 2 bis 3 Wochen dauern.

Wasserdost (Eupatorium purpureum)

Verwendet werden die getrockneten Blätter der Wasserdostpflanze. Daraus bereitet man einen Tee, indem man 1 Teelöffel Wasserdostblätter mit 1 Tasse kochendem Wasser aufgießt und 10 Minuten ziehen lässt. Getrunken werden täglich 3 bis 4 Tassen gegen Blasen- und Nierengries.

Sauerampfer (Rumex acetosa)

Applikationen und Indikationen wie bei Wasserdost. Beide Kräuterdrogen lassen sich auch 1:1 mischen.

Kalmuswurzel (Acorus calamus)

Ein Tee aus der getrockneten und zerkleinerten Kalmuswurzel ist äußerst hilfreich bei Nieren- und Blasensteinleiden. Die Zubereitung ist die gleiche wie bei Wasserdost.

Holunder (Sambucus nigra)

Verwendet werden die Blüten und/oder die getrockneten Beeren des Holunders. Ein Tee hilft bei akutem Blasenkatarrh. Zur Teebereitung gibt man 1 Teelöffel Blüten oder Beeren auf 1 Tasse kochendes Wasser und lässt sie 10 Minuten ziehen. Getrunken werden täglich 3 bis 4 Tassen.

Hopfen (Humulus lupulus)

Man verwendet die zapfenförmige Frucht und bereitet daraus einen Tee wie bei Holunder beschrieben. Er ist sehr hilfreich bei Blasenentzündungen.

Sauerdorn (Berberis vulgaris)

Aus den zerkleinerten Wurzeln und/oder den getrockneten Beeren des Sauerdorns bereitet man einen Tee: Dazu gibt man 1 Teelöffel Sauerdorn auf 1 Tasse kochendes Wasser und lässt

Aus Sauerdornbeeren lässt sich auch eine schmackhafte Marmelade bereiten. Dazu kocht man die Beeren mit wenig Wasser weich, püriert sie und kocht sie anschließend mit der gleichen Menge Zucker noch einmal auf.

den Tee anschließend 10 Minuten ziehen. Die Einnahme von 3 bis 4 Tassen Sauerdornwurzel- oder Sauerdornbeerentee täglich hat sich als äußerst hilfreich gegen Nieren- und Harnröhrenkatarrh erwiesen.

Schafgarbe (Achillea millefolium)

Aus den getrockneten Blättern wird nach der bei Holunder angegebenen Rezeptur ein Tee zubereitet. 2 bis 3 Tassen, über den Tag verteilt getrunken, helfen bei Nieren- und Harnröhrenkatarrh.

Brennnessel (Urtica dioica, U. urens)

3 Teile getrocknete Brennnesselblätter, 1 Teil Erdbeerblätter und 1 Teil Brombeerblätter werden gemischt, und daraus wird ein Tee zubereitet (1 Esslöffel auf 1/2 Liter kochendes Wasser, 15 Minuten ziehen lassen).
In diesem Tee löst man, solange er noch heiß ist, vorteilhaft ein gut erbsengroßes Stückchen Kiefernharz auf. Die Gesamtmenge, über den Tag verteilt getrunken, bewährt sich bei akuter Nierenbeckenentzündung.

Achtung: Das Brennnesselgift kann zu starken allergischen Reaktionen auf der Haut führen. Als Tinktur angewendet oder als Tee oder Suppe genossen ist die Pflanze jedoch völlig ungefährlich.

Hautleiden

Aloe, Aloe vera (A. barbadensis)

Innerlich anwenden sollte man Aloe-Präparate nur auf Anweisung eines damit erfahrenen Arztes, denn die Pflanze kann zu schweren Vergiftungserscheinungen führen.
Bewährt bei trockener, rissiger und spröder Haut sowie bei schlecht heilenden Wunden ist der frische Presssaft, der 1-mal täglich in geringer Menge in die betroffenen Hautpartien einmassiert wird. Leichter zu beschaffen und einfacher in Dosierung und Anwendung ist aber das in Apotheken und Reformhäusern erhältliche Aloe-Gel.

Mit der Kermesbeere gegen Hautunreinheiten

Sogar bei manchen Fällen von schwerer Akne lassen sich mit homöopathischen Dosierungen der Kermesbeere gute Erfolge erzielen. Empfohlen sei hierbei eine 1-malige Startgabe in der Potenz D200, gefolgt von einer 2- bis 4-wöchigen Kur mit D1 bis D4 (D1 bis D3 sind rezeptpflichtig)

Kermesbeere (Phytolacca icosandra, P. americana)

In manchen Werken über indianische Heilpflanzen wird bei Hautleiden die gute Wirkung von Tees oder Tinkturen aus den Kermesbeerenwurzeln und Kermesbeerenfrüchten gelobt. Weil beide Pflanzenteile aber sehr giftig sind, sei vor Experimenten gewarnt. Lediglich homöopathische Dosierungen des Pflanzenextraktes sind zu vertreten.

Die Maya verwendeten den Saft der dunkelvioletten Kermesbeere auch als Waschmittel. Dabei nahmen die Kleidungsstücke zunächst die Farbe der Beeren an, die sich aber mit dem Spülwasser wieder herauswaschen ließ.

Perubalsam (Myroxylon balsamum var. pereirae)

Hautverletzungen, besonders schwer heilende Wunden, Abschürfungen und offene Stellen behandeln die Indianer Mittelamerikas erfolgreich mit Perubalsam.

Er stammt übrigens nicht aus Peru. Der irreführende Name geht auf Verwechslungen mit dem in Peru heimischen, nahe verwandten Tolubaum (Myroxylon balsamum var. balsamum) zurück. Aus dem Tolubaum gewannen schon die Inkas Tolubalsam. Er besitzt das gleiche Anwendungsspektrum wie Perubalsam.

In der europäischen Medizin hat sich der Perubalsam durchgesetzt. Von ihm gibt es Salbenpräparate im Apothekenhandel, die bei den erwähnten Hautproblemen exzellente Dienste tun. Doch Vorsicht: Manche Patienten sind allergisch gegen diesen Balsam. Also erst vorsichtig austesten.

Avocado (Persea americana)

Die Indianer Mittel- und Südamerikas behandeln Hautunreinheiten durch Auflegen frischer Avocadoblätter oder durch Bestreichen mit einem aus diesen Blättern gewonnenen Brei. In unseren Breiten sind frische Blätter nicht zu bekommen, aber der Handel bietet Kosmetika auf Avocadoölbasis an, die bei unreiner und vor allem bei fleckiger Haut hilfreich sind.

Tomate (Lycopersicon spez.)

Dass vollreife Tomaten nicht nur gut schmecken, sondern generell die Selbstheilungskräfte des Körpers aktivieren und damit auch die raschere Ausheilung von Hautentzündungen fördern, wussten nicht nur die Indianer.

Auch weiße Phytotherapeuten kennen den hohen Gehalt an Vitaminen, Mineralstoffen und Spurenelementen sowie mehrere enzymverwandte Substanzen in den »Paradiesäpfeln«, die das bewirken.

Weniger bekannt ist, dass sich frischer Tomatenpresssaft auch äußerlich erfolgreich gegen schwer heilende Hautentzündungen verwenden lässt. Auf den Inseln der Karibik behandelt die einheimische Bevölkerung damit sogar Hämorrhoiden.

Sarsaparille (Smilax regelii)

Das wohl bedeutendste indianische Hautmittel ist die Wurzel des in den Anden heimischen Sarsaparillenstrauchs, die nach alten Quellen sogar gegen die pestähnliche Krankheit Buboes hilft.

Als effektives Hautreinigungsmittel trinkt man Sarsaparillentee, der auf zweierlei sehr unterschiedliche Arten hergestellt werden kann. Entweder kocht man 2 Esslöffel der Wurzel in 1/2 Liter Wasser 10 Minuten lang und lässt das Dekokt dann auf Trinktemperatur abkühlen, oder man setzt die gleichen Mengen kalt an und lässt sie über Nacht stehen. Der Kaltauszug kann dann zum Trinken etwas aufgewärmt werden.

Neuere medizinische Untersuchungen haben ergeben, dass ein Kaltwasserauszug aus 5 Teilen Sarsaparillenwurzeln, 2 Teilen Erdbeerblättern, 2 Teilen Brombeerblättern und 1 Teil Faulbaumrinde sogar bei Schuppenflechte heilend wirken kann, wenn man ihn kurmäßig über längere Zeit anwendet.

Auch die Homöopathie hat die hautheilende Wirkung der Sarsaparillenwurzel erkannt. In den Potenzierungen D1 bis D6 wird sie bei Hautausschlägen, Furunkeln und ebenfalls bei Schuppenflechte verschrieben.

Herz- und Kreislaufbeschwerden

Königin der Nacht (Selenicereus grandiflorus)

Die indianische Königin der Nacht ist ein Kaktus mit langen, schlangenförmigen Trieben und darf auf keinen Fall mit den auf mitteleuropäischen Fensterbänken verbreiteten Kakteen der Gattung Echinopsis verwechselt werden, die umgangssprachlich mancherorts ebenso genannt werden.

Die Indianer verwenden Blüten und Triebe, die europäischen Schulmediziner lediglich die Blütenblätter als herzmuskelkräftigende und herzrhythmusregulierende Droge. Die Homöopathen verwenden außer den Blütenknospen auch die Stängel.

Sie verschreiben vor allem die niedrigen Potenzen D1 bis D3 gegen Herzschwäche, Herzneurosen und Angina pectoris. Im Apothekenhandel erhältlich sind aber auch die getrockneten Blüten. Man kann daraus eine Tinktur (siehe Seite 116) anfertigen; noch einfacher ist es, diese fertig zu kaufen.

Die Königin der Nacht verdankt ihren Namen der Tatsache, dass ihre Blüten sich nur ein einziges Mal während der Nacht öffnen und sich dann für immer schließen.

Eisenkraut (Verbena officinalis)

Verwendet wird die ganze Pflanze mit der Wurzel als probates Mittel gegen Blutarmut, Bleichsucht und Durchblutungsstörungen aller Art.

Die Anwendung kann man sich einfach machen: Man pulverisiert die getrocknete Pflanze und nimmt täglich 3-mal 1 Messerspitze davon ein. Eisenkrauttee muss man kalt ansetzen. Man lässt 4 Teelöffel des zerkleinerten Krauts über Nacht in 1/2 Liter Wasser ziehen und trinkt diese Menge (leicht erwärmt) über den nächsten Tag verteilt.

Traubenkirsche (Prunus virginiana)

Aus der Rinde der Traubenkirsche bereitet man einen Tee, indem man 1 Teelöffel mit 1 Tasse kochendem Wasser übergießt und 15 Minuten ziehen lässt. Von diesem Tee trinkt man täglich 2 bis 3 Tassen voll. Der Traubenkirschtee hilft nicht nur gegen Herzklopfen, sondern auch gegen Durchfälle und krampfartige Erkrankungen. Noch wirkungsvoller ist allerdings eine Tinktur (siehe Seite 116).

Zivilisationsbedingte Krankheiten wie Herzverfettung oder Herzasthma kommen bei den Indianern so gut wie nie vor.

Hopfen (Humulus lupulus)

Ein bewährtes Mittel gegen nervöses Herzklopfen ist ein Tee aus den zapfenförmigen Hopfenfrüchten. Auch hier bewährt sich die Teestandardrezeptur: 1 Teelöffel mit 1 Tasse kochendem Wasser übergießen und 10 Minuten ziehen lassen.

Getrunken wird der Hopfentee bei Bedarf; bei einer kurmäßigen Anwendung über 3 bis 4 Wochen sollte man täglich 3 Tassen des Hopfentees zu sich nehmen, um die erwünschte Langzeitwirkung zu erzielen.

Silberkerze (Cimicifuga racemosa)

Die Silberkerzenpflanze ist in ihrer Wirkung digitalisverwandt, in ihrer Anwendung jedoch bei weitem nicht so gefährlich wie der Fingerhut. Sie hilft besonders bei Herzschwäche aufgrund von Herzverfettung. Verwendet wird die möglichst frische Wurzel der Silberkerze.

Tees sind allerdings wenig wirksam, weil sich die entscheidenden Heilsubstanzen durch Wasser nur schlecht ausziehen lassen. Alkohol vermag das besser. Man bereitet deshalb eine Tinktur (siehe Seite 116), von der man täglich 1-mal 1 Schnapsgläschen voll trinkt.

144

Der amerikanische Panax-Ginseng wird in der indianischen Medizin in erster Linie bei Beschwerden des Herzens und des Kreislaufs angewendet.

Rosskastanie (Aesculus hippocastanum)

Herzverfettung und Herzasthma behandeln indianische Medizinmänner – obwohl selbst kaum betroffen – gerne mit der getrockneten und zu Pulver zerriebenen inneren Haut der grünen Fruchtkapseln der Rosskastanie. Von dem Pulver übergießt man 1/2 Teelöffel mit 1 Tasse kochendem Wasser, lässt das Ganze etwa 15 Minuten ziehen und trinkt dann, ohne zuvor abzuseihen. Die Tagesdosis liegt bei 3 Tassen.

Kermesbeere (Phytolacca decandra)

Weil die hilfreichen Pflanzenteile der Kermesbeere, nämlich die Wurzeln und die Beeren, sehr giftig sind, möchte ich von Experimenten mit Tees und selbst bereiteten Tinkturen der Pflanze abraten.

Sinnvoll ist dagegen der Gebrauch homöopathischer Fertigpräparate in den Potenzierungen D1 bis D4 (bis D3 verschreibungspflichtig). Sie bewähren sich besonders dann, wenn Angina pectoris gemeinsam mit anderen Beschwerden wie Rheumatismus, Arthritis, Hexenschuss, Zungenentzündungen oder Leberschmerzen auftritt.

Die Früchte der Rosskastanie, die äußerlich den essbaren Maroni gleichen, sind ungenießbar, weil sie bitter schmecken, adstringierend wirken und außerdem giftig sind.

Amerikanischer Ginseng (Panax quinquefolium)

Verwendet wird die Wurzel gegen Herzschwäche und Altersherzbeschwerden. Man kann daraus eine Tinktur (siehe Seite 116) herstellen, von der man täglich 2 Teelöffel nimmt oder aus der man einen Tee zubereitet: 1 Teelöffel in 1 Tasse kochendem Wasser 15 Minuten ziehen lassen. Davon trinkt man täglich 3 bis 4 Tassen über mehrere Wochen hinweg.

Quebracho (Aspidosperma quebracho-blanco)

Verwendet wird die Rinde des trauerweidenähnlichen südamerikanischen Hartholzbaums. Man bereitet einen Tee, indem man 1 Esslöffel Rinde mit 1/4 Liter kochendem Wasser aufgießt und 15 Minuten ziehen lässt.

Danach gibt man den Saft von 1/2 Zitrone zu dieser Teemischung, denn das Vitamin C ist wichtig, damit die Inhaltsstoffe besser erschlossen werden können. Je nach Geschmack darf mit Honig gesüßt werden. Der Quebracho-Tee hilft allgemein bei Herzbeschwerden und besonders bei Herzasthma. Er wirkt zugleich blutdrucksenkend.

Mais (Zea mays)

Die Griffel dieser Pflanze, die zu den bedeutendsten indianischen Heilmitteln gehört und deren beachtliche Qualitäten u. a. auch die chinesische Volksmedizin hoch schätzt, entlasten Herz und Kreislauf durch ihre blutdrucksenkende und generell blutreinigende Wirkung. Verwendet wird ein Dekokt, wobei man 50 Gramm Griffel in 1 Liter Wasser 10 Minuten lang auskocht. Getrunken werden davon täglich 3 Tassen (ca. 1/2 Liter).

Als nebenwirkungsfreies Schlafmittel hat sich eine Mixtur aus Passiflora, Baldrian- und Pomeranzentinktur bewährt, die stärkeren, chemisch-synthetischen Schlaftabletten unbedingt vorzuziehen ist.

Passionsblume (Passiflora incarnata)

Um sich die blutdrucksenkenden und herzkranzgefäßerweiternden Wirkstoffe dieser Pflanze zunutze zu machen, greift man am besten auf die im Handel erhältliche Urtinktur (Passiflora Ø) zurück. Wasser löst die herz- und kreislaufrelevanten Inhaltsstoffe nämlich nur wenig.

Auch von eigenen Tinkturzubereitungen sei abgeraten, denn die meisten im Gärtnereihandel erhältlichen Passionsblumenarten sind Hybriden mit unbekannten Inhaltsstoffen. Passiflora hilft übrigens auch gegen Einschlafschwierigkeiten und bei unruhigem Schlaf.

Storchschnabel (Geranium maculatum)

Eine Teemischung aus der zerkleinerten Storchschnabelwurzel und aus Erdbeerblättern im Verhältnis 1:1, von der man 1 Teelöffel mit 1 Tasse kochendem Wasser überbrüht und 15 Minuten

146

ziehen lässt, bewährt sich bei zu niedrigem Blutdruck (Hypotonie) und den damit verbundenen Begleiterscheinungen wie Müdigkeit oder Schwindelgefühlen. Getrunken werden täglich 3 bis 4 Tassen.

Hämorrhoidalleiden

Perubalsam (Myroxylon balsamum var. pereirae)

Der äußerst hautfreundliche Balsam des Baums, der zu den Schmetterlingsblütengewächsen gehört, sollte nicht rein verwendet werden, weil er dann bei manchen, besonders empfindlichen Menschen leicht hautreizend wirkt. Auch die Indianer bereiten aus dem Perubalsam Salben.

Im europäischen Apothekenhandel gibt es hervorragende Fertigsalben auf der Grundlage von Perubalsam, die sich gut zur Behandlung äußerer Hämorrhoiden eignen. Inzwischen sind auch Zäpfchen erhältlich, die den Perubalsam enthalten.

Will man mit diesen Fertigsalben innere Hämorrhoiden behandeln, dann kann man vor eine Salbentube einen Röhrchenverschluss schrauben, der es ermöglicht, die Creme in den After einzubringen.

Über längere Zeiträume hinweg sollte man Perubalsam aber nicht anwenden, weil es dadurch zu Nierenreizungen kommen könnte. Aus demselben Grund ist die Behandlung großflächiger Hautpartien (z. B. bei großflächigen Hautabschürfungen) nicht anzuraten – zumindest nicht bei nierenschwachen Patienten.

Schafgarbe (Achillea millefolium)

Für die Behandlung blutender Hämorrhoiden bereitet man am besten einen starken Tee aus dem getrockneten Schafgarbenkraut. Dieser wird jedoch nicht getrunken, sondern äußerlich angewendet.

Zur Teebereitung nimmt man 3 gehäufte Esslöffel des zerschnittenen Schafgarbenkrauts und überbrüht dieses mit 1/4 Liter kochendem Wasser. Dann lässt man es 5 Minuten ziehen.

In diesem Absud aus aufgebrühtem Schafgarbenkraut tränkt man einen Wattebausch, den man als Kompresse auf die Hämorrhoiden auflegt. Zu empfehlen ist die tägliche mehrmalige Anwendung einer solchen Kompresse.

Die Ursachen von Hämorrhoidalleiden sind vielfältig: Sie können durch eine erbliche Veranlagung entstehen oder durch eine ballaststoffarme Ernährung. Auch Missbrauch von Abführmitteln oder die Ausübung einer sitzenden Tätigkeit spielen eine große Rolle.

Die Agave ist als Heil-pflanze zur innerli-chen Anwendung in Europa nur schwer zu bekommen. Deshalb kann man hier auf ein eher unkonventio-nelles Heilmittel – den aus Agavenwein ge-brannten Tequila – zurückgreifen.

Immunschwäche

Agave (Agave americana)

Die in Amerika beheimatete und in den Mittelmeerländern seit langem verwilderte große grüne Agave war der Schulmedizin bis vor kurzem so gut wie unbekannt. Neuere russische Untersuchungen haben ergeben, dass der frische Presssaft aus den jungen Blättern sogar Hauttuberkulose heilen kann. Die Indianer kannten den Agavensaft seit eh und je als generelles Tonikum und Stärkungsmittel für das Immunsystem.

Weil die europäischen Apotheken und Reformhäuser Agaven-präparate fast ausschließlich für die äußerliche Anwendung, d.h. für die Hautpflege anbieten, sollte man als Immunstimu-lanz einen etwas anderen Weg beschreiten: Täglich 1 Schnaps-gläschen der nach indianischen Rezepten zu Mescal oder Tequi-la gebrannten Agavenweine ist ein gutes Biotonikum, das zugleich die Verdauung fördert. Man sollte aber darauf achten, dass es bei einem Gläschen bleibt und man bei dieser Rezeptur ansonsten keinen anderen Alkohol konsumiert.

Nicht umsonst gibt es in Mexiko den scherz-haften Spruch »A te-quila a day keeps the doctor away«!

Krallendorn (Uncaria tomentosa)

In welchem erheblichen Maß diese Pflanze das Immunsystem stärkt, bewiesen Untersuchungen führender europäischer Phar-makologen und Phytotherapeuten, nach denen Tees aus der

148

Wurzel wiederholt sogar als untherapierbar geltende Krebserkrankungen heilten. Mehrere im Krallendorn enthaltene Inhaltsstoffe steigern in erstaunlichem Maß die körpereigenen Abwehrkräfte.

Auch der Ethnomediziner Christian Rätsch betont: »Eine Kur mit dem rezeptfreien, in der Apotheke frei verkäuflichen Krallendorntee kann die Selbstheilungskräfte des Körpers so stark steigern, dass selbst Tumore damit geheilt werden können.« Allerdings sind die Wurzeln der sehr seltenen Pflanze nicht eben billig; die Liane aus der Familie der Rubiaceen kommt nur im – ständig schwindenden – tropischen Regenwald vor.

Kopfschmerzen, Migräne

Die Indianer kennen eine Reihe hochwirksamer phytotherapeutischer Kopfschmerzmittel, die jedoch nicht für die Anwendung durch Laien geeignet sind.

Unter diesen, in der indianischen Heilkunst gängigen Kopfschmerzmitteln sind Guarana, Peyote, Maisbrand, Mutterkorn, Thuja und Anemonenzubereitungen.

Das hochgiftige Mutterkorn, trotz des irreführenden Namens ein vor allem auf Roggen parasitierender Pilz, ruft besonders starke Nebenwirkungen hervor, die sich bis zu psychotischen Zuständen steigern können.

Hier sei jedoch nur ein pflanzliches Mittel genannt, das im Gegensatz zu den anderen in seiner Anwendung sicherer in Bezug auf Nebenwirkungen ist.

Schafgarbe (Achillea millefolium)
Schafgarbentee wird von zahlreichen Indianerstämmen gegen sehr viele unterschiedliche Beschwerden eingesetzt, darunter auch gegen Kopfschmerzen.

Man nimmt 1 Teelöffel der getrockneten und zerkleinerten Schafgarbenblätter auf 1 Tasse kochendes Wasser und lässt die Mischung 10 Minuten lang ziehen. Noch wirksamer ist eine Teemischung aus 3 Teilen Schafgarbe, 2 Teilen Damiana-Blättern, 1 Teil Weidenrinde und 1 Teil Kalmuswurzel, die man auf die gleiche Weise zubereitet. Getrunken wird der Tee bei Bedarf (möglichst sofort zu Beginn der einsetzenden Kopfschmerzen, die sich dann gar nicht zur Migräne ausweiten können).

Zur dauerhaften Migräneprophylaxe sollte man in der genannten Mischung allerdings auf die Schafgarbe verzichten, weil sich diese nicht als Langzeittherapeutikum eignet. Nierenreizungen könnten die Folge sein.

Krebserkrankungen

Condurango (Marsdenia cundurango)

Nicht nur die Indianer im Andenraum verwenden Condurango-Rinde als Heilmittel gegen Magenkrebs. Auch eine japanische Forschergruppe hat die lindernde oder sogar heilende Wirkung der Pflanzendroge bei dieser Krebsform vor einigen Jahren bestätigt.

Weil die Wirkstoffe der Condurango-Rinde nicht in heißem, wohl aber in kaltem Wasser lösbar sind, empfiehlt sich ein kalter Auszug, den man über Nacht stehen lässt. Man gibt dazu 1 Esslöffel der Rinde auf 1/2 Liter Wasser. Die Menge wird dann über den Tag verteilt getrunken.

Weit besser ist aber ein wässrig-alkoholischer Auszug, z.B. in Form eines Condurango-Weins, wie ihn ähnlich auch die Indianer verwenden: Man gibt ca. 70 Gramm der Rinde auf eine 700 Milliliter-Flasche schweren Dessertwein (Madeira oder Port) und lässt den Ansatz 1 Woche lang an einem warmen Platz stehen. Täglich sollte man die Flasche 1-mal schütteln. Danach wird abgesiht. Von diesem Mazerat trinkt man 1/2 Stunde vor jeder Hauptmahlzeit 1 kleines Gläschen voll.

Die Odermennig-pflanze hat auch in Europa eine lange Tradition. Sie reicht bis in die Antike zurück, denn schon im alten Griechen-land war sie als Heil-pflanze der Göttin Pallas Athene geweiht.

Lebererkrankungen

Quassia, Bitterholz (Quassia amara)

Zur Behandlung von Leberschwellungen, Fettleber und Leber-zirrhose verwendet man Bitterholz am besten in homöopathi-schen Dosen (Potenzen D2 bis D4).

Man kann aber aus dem fein geschnittenen Quassia-Holz auch einen Tee bereiten, wobei man nicht mehr als 0,5 Gramm (ca. 1/5 Teelöffel) mit 1 Tasse kochendem Wasser überbrüht. Dann 15 Minuten ziehen lassen. Getrunken wird der Tee kurz vor den Mahlzeiten.

Amerikanischer Faulbaum (Rhamnus purshiana)

Die innere Rinde dieser von den Indianern sehr geschätzten Pflanze lässt sich sowohl als Tee zubereiten als auch in Form pharmazeutischer Fertigpräparate einnehmen. Die Indianer schätzen die Rinde des Amerikanischen Faulbaums vor allem als

Droge gegen Verstopfungen und Lebererkrankungen bis hin zur Gelbsucht. Die Einnahme sowohl des Tees als auch der Fertigpräparate sollte aber nur nach Rücksprache mit einem Arzt erfolgen.

Odermennig (Agrimonia eupatoria)

Man gibt 60 Gramm des ganzen getrockneten Odermennigkrauts in 1,2 Liter Wasser und lässt es bei leichter Hitze bis auf 1 Liter einkochen. Täglich 4- bis 5-mal trinkt man von diesem Absud aus Odermennigkraut 1 Schnapsgläschen zur allgemeinen Stärkung der Leber.

Birke (Betula alba)

Als generelles Lebertonikum bewährt sich ein Tee aus 2 Teilen junger Birkenblätter und 1 Teil Buchenblättern. Man überbrüht 1 Teelöffel der gemischten Blätter mit 1 Tasse kochendem Wasser und lässt das Ganze 15 bis 20 Minuten ziehen. Getrunken werden täglich 3 bis 4 Tassen.

Die Birke kommt auch in der indianischen Philosophie vor. Als Schutz- und Kraftbaum stellt sie eine Verbindung zur inneren Stimme der Menschen, zur Intuition, her.

Löwenzahn (Taraxacum officinale)

Verwendet wird zur Behandlung von allgemeinen Leberbeschwerden die Wurzel. Wer sie selbst sammeln will, sollte sie im zeitigen Frühjahr stechen, gerade dann, wenn die jungen Blätter sichtbar werden.

Aus der getrockneten und zerkleinerten Löwenzahnwurzel bereitet man einen Tee (1 Esslöffel pro Tasse kochendem Wasser, 10 Minuten ziehen lassen). Man trinkt davon ungesüßt 3 bis 5 Tassen täglich.

Schwertlilie (Iris versicolor)

Man übergießt 1 Teelöffel der getrockneten und pulverisierten Schwertlilienwurzel mit 1/2 Liter kochendem Wasser und lässt es bis auf Raumtemperatur abkühlen, ohne danach abzuseihen. Von dem Aufguss nimmt man täglich 5-mal 1 Schnapsgläschen voll zu sich.

Ackerschachtelhalm (Equisetum arvense)

Ein Tee, zubereitet wie der oben genannte Löwenzahntee, aus dem ganzen getrockneten Kraut, unterstützt allgemein die Funktion einer geschwächten Leber. Die Tagesdosis beträgt 3 Tassen.

*Bei akuten Leberent-
zündungen verwen-
den indianische Medi-
zinmänner eine
Teezubereitung aus ge-
trockneten Heidelbee-
ren. - Das Bild zeigt
die amerikanische
Blaubeere.*

*Die Heidelbeere er-
freut sich nicht nur
kulinarisch großer
Beliebtheit; auch in
der Volksmedizin hat
sie einen ausgezeich-
neten Ruf als Mittel
gegen Darmbeschwer-
den unterschied-
lichster Art.*

Hopfenbuche (Ostrya virginiana)

Die Indianer Nordamerikas bezeichnen das Holz dieser Pflanze auch als Leberholz. Verwendet werden Markholz und Rinde. Die Zubereitung als Tee gleicht der von Löwenzahnwurzeln. Getrunken werden täglich 3 Tassen als universelles Lebermittel.

Heidelbeere (Vaccinium myrtillus)

Zur Behandlung akuter Leberentzündungen bereitet man einen Tee aus den getrockneten Blättern und Beeren der Heidelbeere. Dosierung und Aufguss wie beim Löwenzahn. Getrunken werden täglich 3 Tassen.

Chickoriewurzel (Cichorium intybus)

Wie die Heidelbeere hilft auch diese Pflanzendroge gegen Leberentzündungen, aber auch bei Leberunterfunktion. Dosierung und Zubereitung sind die gleichen wie beim Löwenzahn. Getrunken werden täglich 3 Tassen des Chickoriewurzeltees vor den Mahlzeiten.

Blutwurz (Sanguinaria canadensis)

Diese Indianerheilpflanze darf nicht mit dem Tormentill (Potentilla erecta) verwechselt werden, der ebenfalls als Blutwurz bezeichnet wird und der übrigens gleichfalls bei Leberleiden erfolgreich verwendet werden kann. Die pulverisierte Wurzel von Sanguinaria canadensis hat sich als hilfreich bei der Gelbsucht

152

erwiesen. 1 gestrichener Teelöffel des Pulvers wird mit 1/2 Liter kochendem Wasser übergossen und dann 30 Minuten ziehen gelassen. Anschließend wird abgeseiht. Man nimmt von diesem Absud täglich 5-mal 1 Teelöffel voll zu sich. Noch vorteilhafter ist die Herstellung einer Blutwurztinktur (siehe Seite 116), von der man 3-mal täglich 1 Esslöffel nimmt.

Die Muira-Puama-Pflanze gehört zu den Ölbaumgewächsen und ist ein in Brasilien heimischer Baum. Bei uns ist der kleine Baum auch unter dem viel versprechenden Namen »Potenzholz« bekannt.

Libidomangel

Wasserhanf (Eupatorium perfoliatum)

Indianerstämme Nordamerikas verwenden bevorzugt den verwandten Wasserdost (Eupatorium purpureum), von dem sie kleine Wurzelstücke kauen, diese aber nicht schlucken. Die Wirkung des sexuellen Stimulans ist beachtlich.

Hier sei aber lieber der in seiner Wirkung etwas schwächere Wasserhanf empfohlen, weil neuere Forschungen vermuten lassen, dass Eupatorium purpureum leberschädigende und sogar Krebs erzeugende Inhaltsstoffe besitzt, die Eupatorium perfoliatum nicht enthält.

Muira-Puama, Potenzholz (Liriosma ovata)

Die südamerikanischen Jíbaro verwenden die innere Rinde dieses Baums, die sie frisch kauen oder trocknen und dann kochen. Andere Stämme benutzen auch die Wurzeln.

Die sexuell stimulierende Wirkung der Pflanze wird bei der klassischen Anwendung gemeinhin überschätzt, lässt sich aber dadurch steigern, dass man aus der Rinde alkoholische Auszüge gewinnt. Die spezifischen Wirkstoffe sind nur in Alkohol, nicht aber in Wasser löslich.

Viel wichtiger als die aphrodisierende Wirkung des Potenzholzes ist aber dessen Eigenschaft, Frigidität, Impotenz und Zeugungsunfähigkeit zu heilen. Dafür muss man geeignete Präparate, am besten eine alkoholische Tinktur (siehe Seite 116), über einen längeren Zeitraum einnehmen. Zu empfehlen sind täglich 20 bis 50 Tropfen.

In Peru bereiten die Indianer als potenzförderndes und allgemein kräftigendes Mittel einen Tee aus Muira-Puama-Holz, Cocablättern, Colanüssen und Selleriesamen, was sich wegen der schweren Beschaffbarkeit der Cocablätter und Colanüsse hierzulande leider kaum nachvollziehen lässt.

Damiana-Blätter (Turnera diffusa var. aphrodisiaca)

Man bereitet einen Tee, entweder aus dem Damiana-Kraut allein, oder aus einem Gemisch von 3 Teilen Damiana-Kraut, 1 Teil Pomeranzenblüten und 1 Teil zerstoßenen Sabal-Palmenfrüchten.

Davon übergießt man 1 gut gehäuften Esslöffel mit 1/2 Liter kochendem Wasser und lässt das Ganze 5 bis 10 Minuten ziehen. Trinken sollte man täglich 2 bis 3 Tassen.

Als Aphrodisiakum stärker wirkt Damiana-Kraut in alkoholischen Auszügen. In Mexiko ist ein Damiana-Likör im Handel erhältlich. Für die Bereitung eines Schnapses setzt man 60 Gramm trockenes Damiana-Kraut, 30 Gramm zerstoßene Sabal-Palmenfrüchte, eine Zimtstange und zwei Vanilleschoten mit 700 Milliliter Wodka an und lässt das Mazerat 1 bis 2 Wochen stehen (täglich schütteln). Danach wird abgeseiht.

In Mexiko gehört Damiana zu den wichtigsten indianischen Heilpflanzen und ist dort unter mehr als einem Dutzend verschiedener Bezeichnungen auf allen Märkten erhältlich.

Man trinkt davon täglich abends 1 Schnapsgläschen. Der stimulierende Effekt ist nicht gerade stark, aber bei mehrwöchigem Gebrauch steigert sich die »Liebeskraft« bei Mann und Frau grundsätzlich.

Amerikanischer Ginseng (Panax quinquefolius)

Verwendet wird ein Pulver, das aus der getrockneten Wurzel des Amerikanischen Ginsengs bereitet wird. Man mischt es mit Ahornsirup zu einem festen Brei und nimmt davon täglich 1 Teelöffel voll zu sich. Das bewährt sich bei längerem Gebrauch hervorragend gegen Impotenz, die sich damit langfristig in manchen Fällen beheben lässt.

Sabal-Palmenfrüchte (Serenoa serrulata)

Die Anwendung der kleinen, kugeligen schwarzen Früchte mit einem harten Kern gegen Impotenz kann unterschiedlich erfolgen. Zunächst kann man sie pulverisieren (in Apotheken gibt es auch fertiges Pulver) und von dem Pulver täglich 2 Messerspitzen einnehmen.

Wirksam ist eine Zubereitung aus 1 Teil Pulver und 1 Teil zermahlenen Damiana-Blättern, die man mit Gelatine verknetet und daraus erbsengroße Kügelchen formt. Von diesen isst man täglich 2 bis 3 Stück.

Im pharmazeutischen Fachhandel sind auch Sabal-Tinkturen sowie homöopathische Sabal-Präparate (in den Potenzen D1 bis D4) erhältlich.

154

Eine probate Potenzmittelrezeptur unter Verwendung von Sabal-Früchten gibt Christian Rätsch an: Man nimmt »1 Hand voll Sabal-Früchte, 1 Hand voll Damiana-Blätter, 2 Vanilleschoten, 4 Zimtstangen, 2 Esslöffel voll Jasminblüten (Jasminum officinale), ein kleines Stück Galgantwurzel (Alpina officinarum) und etwas Macis (Myristica fragrans).«

Das Ganze übergießt man mit 700 Milliliter weißem Rum und lässt den Ansatz 2 Wochen an einem warmen, sonnigen Platz stehen. 1-mal täglich schüttelt man das Gefäß. Danach ist der Ansatz gebrauchsfertig, muss aber nicht abgegossen werden. Die Pflanzen können in der Flasche bleiben, bis der Heilschnaps aufgebraucht ist.

Trinken sollte man davon täglich nicht mehr als 2 Gläschen, das aber über einige Wochen oder Monate hinweg. Weil dieser alkoholisch-wässrige Auszug zugleich blutdrucksenkende Eigenschaften besitzt, sollten ihn Hypotoniepatienten allerdings meiden.

Sassafras (Sassafras albidum, S. officinale)

Im Apothekenhandel sind sowohl Sassafras-Rinde als auch Sassafras-Öl erhältlich. Beide steigern die Libido. Doch Vorsicht: Das Sassafras-Öl ist nur äußerst sparsam zu verwenden. Mehr als 20 Tropfen pro Tag können Nierenreizungen auslösen, und ab 5 Milliliter täglich können sich erhebliche Vergiftungserscheinungen zeigen.

Harmloser ist die Rinde, aus der man – am besten zusammen mit Sarsaparille – einen Tee bereitet. Dazu gibt man 1 Teelöffel der Rindenmischung in 1/2 Liter siedendes Wasser und lässt sie kurz aufkochen. Danach muss der Tee noch 10 Minuten ziehen gelassen werden. Diese Menge wird über den Tag verteilt getrunken.

Kalmus (Acorus calamus)

Die Anwendung ist denkbar einfach. 1- oder 2-mal täglich kaut man ein kleines Stückchen der frischen oder getrockneten Wurzel. Für Teezubereitungen nimmt man ca. 30 Gramm der getrockneten und zerkleinerten Wurzel auf 1/2 Liter kochendes Wasser und lässt es kurz aufwallen.

Täglich 1 Tasse des Kalmuswurzeltees genügt, aber auch hier ist – wie bei den meisten Potenzdrogen – die Ausdauer entscheidend. Nur eine längere Kur bringt den gewünschten Erfolg.

Einzelanwendungen bringen bei fast allen Potenzdrogen kaum den gewünschten Erfolg. Man muss schon eine Kur von wenigstens zwei bis drei Wochen durchführen.

155

Magen- und Darmbeschwerden

Avocado (Persea americana)

Die reife, schmackhafte Frucht hilft akut bei Magenübersäuerung und kann, regelmäßig über einen längeren Zeitraum hinweg gegessen, sogar Magengeschwüre heilen. 1/2 Avocado täglich genügt dafür. Weitere Anwendungen siehe unter »Durchfallerkrankungen«, Seite 125ff.

Condurango (Marsdenia cundurango)

Die Rinde dieses im Andenraum beheimateten Kletterstrauchs ist ein großes Magenmittel und als solches Bestandteil zahlreicher pharmazeutischer Magen-Darm-Präparate. Sie hilft bei Magenbeschwerden unterschiedlicher Art bis hin zu Magengeschwüren und sogar Magenkrebs. Zur Anwendung siehe unter »Krebserkrankungen«, Seite 150.

Cashewnuss (Anacardium occidentale)

Biologisch gesehen ist das wohlschmeckende, kommaförmige fruchtige Gebilde gar keine Nuss, ja nicht einmal eine Frucht, sondern ein verdickter Fruchtstiel. Diese »Nüsse« wirken hilfreich bei nervösen Magenbeschwerden, Magengeschwüren, Gastritis und Magenübersäuerung. Abkochungen der Rinde und der Blätter des Cashewbaums haben eine ähnliche Wirkung, sind aber in Europa kaum erhältlich.

Die Cashew»nuss« ist reich an Eiweiß, Fett, Kohlenhydraten, Mineralien und Vitaminen. Sie enthält Kalzium, Eisen, Phosphor und auch Vitamin C.

Rinde und Holz der Liane Marsdenia cundurango entfaltet ihre Wirkstoffe nur in kaltem Wasser. Bei der Zubereitung eines Heilmittels sollte daher ein kalter Auszug verwendet werden.

Papaya (Carica papaya)

Die Früchte sind aufgrund ihres Gehalts an dem eiweißspaltenden Enzym Papain und anderer Enzyme hilfreich für Patienten, die zu wenig eigene Verdauungsenzyme produzieren. Am besten gibt man zu Fleischmahlzeiten ein Stück Papayafruchtfleisch, das gleich mitgekocht wird.

Außer den Papayafrüchten hilft auch ein Tee aus Papayablättern (1 Teelöffel mit 1 Tasse kochendem Wasser übergießen und 20 Minuten ziehen lassen) bei Verdauungsschwäche und als Verdauungshilfe nach zu üppigen Mahlzeiten. Zugleich regt er die Darmtätigkeit an.

Das Zugeben von Papayafruchtstücken beim Kochen ist auch ein Tipp für Köchinnen und Köche: Selbst sehr zähes Fleisch wird dadurch zart.

Löwenzahn (Taraxacum officinale)

Die Pflanze wirkt allgemein magenkräftigend und verdauungsfördernd, zumal die in ihr enthaltenen Bitterstoffe u. a. auch die Gallenblasenfunktion unterstützen. Zur Zubereitung des Wurzeltees siehe unter »Lebererkrankungen«, Seite 150ff. Trinken sollte man den Tee nach den Mahlzeiten.

Breitwegerich (Plantago major)

Man übergießt 1 Teelöffel der getrockneten und zerkleinerten Pflanzenblätter mit 1 Tasse kochendem Wasser und lässt das Ganze 10 Minuten ziehen. Getrunken wird der Tee ungesüßt.

Breitwegerichtee hilft bei Magenbeschwerden wie beispielsweise Übersäuerung oder Sodbrennen.

Wacholderbeeren (Juniperus communis)

Die entschlackenden und blutreinigenden Beeren eignen sich auch gut für eine kurmäßige Anwendung gegen Magengeschwüre. In diesem Rahmen isst man am ersten Tag 3 Beeren, am zweiten 4 usw., bis man am 18. Tag 20 Beeren erreicht hat. Dann verfährt man Tag für Tag in absteigender Reihenfolge: 19, 18, 17… bis zu 3 Beeren. Gegebenenfalls kann man diese Kur nach 2 Wochen Pause wiederholen. Höhere Dosen und längere Einnahmen empfehlen sich nicht, weil sonst eine Überreizung der Nieren nicht auszuschließen ist.

Zaubernuss (Hamamelis virginiana)

Bei Magenschleimhautentzündungen (Gastritis) bewährt sich eine Teemischung aus 2 Teilen Hamamelis (verwendet werden die Rinde und die Blätter der Pflanze), 2 Teilen Schafgarbenkraut, 2 Teilen Brennnesselblättern und 1 Teil Hirtentäschel. Zur Zubereitung des magenberuhigenden Tees übergießt man

1 Teelöffel der Pflanzenmischung mit 1 Tasse kochendem Wasser und lässt sie 5 Minuten ziehen. Getrunken wird 3-mal täglich 1 Tasse in kleinen Schlucken, jeweils zur Hälfte vor und zur Hälfte nach den Mahlzeiten.

Birke (Betula alba)

Magenstärkend und hilfreich gegen Magengeschwüre ist es, 2 bis 3 Wochen hindurch 1-mal täglich ein ca. 5 Zentimeter langes junges Birkenzweiglein von etwa 5 Millimeter Durchmesser zu zerkauen und das dabei entstehende Speichelsaftgemisch zu schlucken.

Mate (Ilex paraguariensis)

Das südamerikanische Nationalgetränk hilft verdauen, bewährt sich gegen überschüssige Magensäure und kann auch Magenschleimhautentzündungen sowie manches Magengeschwür kurieren.

Man trinkt 3-mal täglich 1 Tasse grünen Matetee nach den Mahlzeiten. Ziehen lässt man den Tee 10 bis 20 Minuten lang. Bluthochdruckpatienten sollten Matetee nicht sehr stark und nicht in größeren Mengen trinken.

Tee aus grünen Mateblättern, wie er in Reformhäusern und Apotheken geführt wird, wirkt entschlackend und ist sehr magenfreundlich.

Menstruationsbeschwerden

Siehe unter Frauenleiden (Seite 131ff.).

Müdigkeit

Siehe unter Schwäche, Rekonvaleszenz, Müdigkeit (Seite 163).

Nebenhöhleninfektionen

Luffaschwämmchen (Luffa purgans)

Verwandt mit jener Luffagurke, deren holzig-faseriges Skelett Massageschwämme und Massagehandschuhe liefert, ist der kleine giftige Kürbis, den die Brasilianer Pepino de monte nennen. In Apotheken erhält man kleine Schwämmchenstücke, die man in die Nasenlöcher einführt und dort eine Zeit lang belässt. Die

Wirkung ist radikal: Es kommt zu einer Art heftigem Fließschnupfen, der selbst alte chronische Nebenhöhlenentzündungen auflockert und zum Ausheilen bringen kann.

Diese Rosskur ist gewiss nicht jedermanns Sache. Als weitaus angenehmer, schonender und vielleicht sogar auf die Dauer noch wirkungsvoller erweisen sich homöopathische Präparate (D1 bis D6) als Mittel gegen Nasennebenhöhlenerkrankungen und sogar gegen Heuschnupfen. Einnehmen muss man sie über einige Wochen. Wer einer möglicherweise heftigen Erstverschlimmerung aus dem Weg gehen will, der sollte die Potenzen D6 oder D12 bevorzugen.

Nervosität

Boldo-Blätter (Peumus boldus)

Nervlich instabilen Menschen, die zu innerer Unruhe, leichter Erregbarkeit, schwankenden Stimmungen und ähnlichen Symptomen neigen, sei eine Teemischung aus 1 Teil Boldo-Blättern, 2 Teilen Damiana-Blättern und 1 Teil Schafgarbe empfohlen.

1 Teelöffel der Mischung wird mit 1 Tasse kochendem Wasser übergossen und 10 Minuten ziehen gelassen. Man kann diese Mischung bei Bedarf trinken, für eine generelle Umstimmung aber auch 2 bis 3 Wochen hindurch täglich 2 bis 3 Tassen davon zu sich nehmen. Als Langzeitdroge eignen sich aber weder Boldo-Blätter noch die Schafgarbe.

Muira-Puama (Liriosma ovata)

Aus dem geschnitzelten Holz von Muira-Puama lässt sich ein hervorragender nervenberuhigender Schnaps herstellen, der aber dennoch nicht ermüdet, sondern ruhig und zugleich hellwach macht.

Für die Zubereitung des Schnapses setzt man 700 Milliliter guten Wodka oder weißen Rum mit 50 Gramm des Holzes an und gibt zur Geschmacksverbesserung noch 1 Vanilleschote und 1 Stück Sternanis sowie 1 walnussgroßes Stück frischer, klein geschnittener Ingwerwurzel dazu.

Der Ansatz bleibt 2 bis 3 Wochen an einem warmen Ort stehen und wird täglich geschüttelt. Danach gießt man ihn durch ein Sieb und anschließend noch durch einen Kaffeefilter. Die Tagesdosis sollte 20 bis 40 Milliliter nicht überschreiten.

Wie alle mehr oder weniger libidofördernden Mittel ist auch Muira-Puama sehr schnell in Europa bekannt geworden und hierher importiert worden.

Die amerikanische Kermesbeere - Phytolacca americana - wächst verwildert in europäischen Gärten. Sie ist hilfreich bei rheumatischen Beschwerden.

Nierenleiden

Im Unterschied zur europäischen Sauna dient die indianische Schwitzhüttenzeremonie nicht nur der körperlichen Reinigung, sondern auch der spirituellen Läuterung. Die Schwitzhüttenzeremonie ist bei vielen Indianerstämmen ein eigenes Ritual.

Siehe unter Erkrankungen der Harnwege, Nieren, Blase (Seite 139ff.).

Rheumatische Erkrankungen

Generell wenden die Indianer bei der Applikation von Rheumamitteln wie den nachstehenden noch weitere begleitende Maßnahmen an.

Dazu gehören häufige Schwitzbäder (indianische Schwitzhütte oder auch Sauna), reichliches Trinken und die Einnahme sehr leichter, vorwiegend pflanzlicher Kost. Zu bevorzugen sind zahlreiche Kleinstmengen über den Tag verteilt gegenüber 1 oder 2 schweren Hauptmahlzeiten.

Kermesbeere (Phytolacca icosandra)

Die Kermesbeere wird zur Behandlung von rheumatischen Beschwerden ähnlich wie zur Behandlung von Hautleiden angewendet. Diese innerliche Behandlung mit Tees oder Tinkturen aus den Wurzeln oder Früchten der Pflanze sollte man mit einer äußerlichen kombinieren. Dazu verreibt man die frischen Kermesbeeren und verrührt den Brei mit erwärmtem Schweineschmalz.

Nach dem Abkühlen sollte sich eine Art dicker Salbe ergeben, die man auf die betroffenen Körperpartien (d.h. meist auf die Gelenke) aufträgt.

Mormonentee (Ephedra americana)

Die Heilpflanze ist nach der im US-Staat Utah beheimateten Mormonensekte benannt. Ihre Heilanwendung hat geschichtlich sehr weit zurückreichende Wurzeln. Schon die alten Azteken verwendeten sie. Und im alten China stand eine verwandte Ephedra-Art unter der Bezeichnung »Ma-Huang« hoch im Kurs. Das europäische »Meerträubel«, ebenfalls eine Ephedra-Art, lobte schon der große griechische Arzt Dioskurides.

Das Anwendungsspektrum des Mormonentees ist breit und reicht von Augenleiden und Grippe über Heuschnupfen und Keuchhusten bis zu Nesselfieber und Geschlechtskrankheiten. Auch bei rheumatischen Beschwerden ist die Heilbehandlung mit Ephedra angezeigt.

Für die Selbstmedikation setzt man am besten 50 Gramm des getrockneten Ephedra-Krauts mit 500 Milliliter Wodka an und lässt das Mazerat 2 Wochen lang dunkel und warm stehen. 1-mal täglich schüttelt man die Flasche. Danach wird abgeseiht und die Flüssigkeit durch einen Kaffeefilter gegossen. Von dieser Tinktur nimmt man täglich 1 Schnapsgläschen voll zu sich. Auf keinen Fall darf man die Tinktur überdosieren, weil die Pflanze giftig ist.

Wer von Selbstversuchen Abstand nehmen will, kann auf die rezeptpflichtigen, handelsüblichen Ephedrinpräparate zurückgreifen. Man kann auch die frei verkäuflichen homöopathischen Ephedra-Potenzierungen verwenden.

Der Mormonentee, der seinen Namen dem weit verbreiteten Gebrauch in dieser Sekte verdankt, war und ist das einzige stimulierende Getränk, das die Mitglieder der Sekte zu sich nehmen. Alkohol lehnen sie strikt ab.

Weide (Salix nigra)

Man gibt 3 bis 4 Teelöffel Weidenrinde in 1 1/2 Liter kaltes Wasser und bringt den Ansatz zum Sieden. Dann lässt man ihn noch 10 Minuten lang bei niedriger Hitze kochen und anschließend auf Raumtemperatur abkühlen. Dazu kommen der Saft von 1 Zitrone und nach Geschmack Honig. Die Gesamtmenge trinkt man über den Tag verteilt.

Bewährt bei rheumatischen Erkrankungen ist eine kurmäßige Anwendung von 3 bis 4 Wochen. Länger sollte man Weidenrindentee nicht trinken, da es sonst bei manchen empfindlichen Patienten zu Magenreizungen kommen kann.

Quecke (Triticum repens)

Man übergießt 30 Gramm der zerkleinerten Wurzel mit 1/2 Liter kochendem Wasser und lässt sie 20 Minuten ziehen. Davon trinkt man alle 2 Stunden 100 Milliliter. Bequemer ist die Verwendung einer Tinktur (siehe Seite 116), von der alle 2 Stunden 10 bis 20 Tropfen eingenommen werden.

Arnika (Arnica montana)

Üblicherweise wird Arnika nur äußerlich angewendet. Speziell gegen Gelenkrheumatismus empfiehlt es sich aber, von der handelsüblichen Tinktur 3-mal täglich 5 Tropfen (nicht mehr!) auf Würfelzucker einzunehmen.

Äußerlich sollte man diese Behandlung mit Arnikakompressen auf den betroffenen Gelenken begleiten. Dazu bereitet man einen wässrigen Auszug, indem man 2 Teelöffel Blüten mit 1 Tasse kochendem Wasser übergießt und den Arnikatee 10 Minuten ziehen lässt. Für Korbblütlerallergiker eignet sich Arnika natürlich nicht.

Gegen rheumatische Beschwerden verwendet man Sarsaparilla am besten in den homöopathischen Potenzierungen D1 bis D6.

Brennnessel (Urtica dioica, U. urens)

Eine Teemischung aus 3 Teilen getrockneten Brennnesselblättern, 2 Teilen Breit- oder Spitzwegerichblättern und 1 Teil Salbeiblättern ist hilfreich gegen allgemeine rheumatische Schmerzen. Dazu überbrüht man 1 Teelöffel der Pflanzenmischung mit 1 Tasse kochendem Wasser und lässt sie 10 Minuten ziehen. Getrunken werden davon täglich 3 bis 4 Tassen.

Sonnenblume (Helianthus annuus)

Man verwendet die gesamte Blüte kurz vor der Zeit der Samenreife. Sie wird fein geschnitten und dann mit dem Wiegemesser weiter zerkleinert. Dazu gibt man neutrale Schmierseife und etwa 15 Prozent der Gesamtmasse an reinem Alkohol und lässt dieses Gemenge 1 Woche lang ruhen. Danach verrührt man es zu einem homogenen Brei, der in Form einer Kompresse auf die rheumatischen Gelenke aufgetragen wird.

Drachenwurz (Arum triphyllum)

Das in höherer Dosierung giftige Aronstabgewächs hilft bei chronischem Rheumatismus. Dazu isst man von der getrockneten und pulverisierten Wurzel täglich 4-mal 0,5 Gramm, eingerührt in 1 Teelöffel Honig.

Schwäche, Rekonvaleszenz, Müdigkeit

Damiana (Turnera diffusa var. aphrodisiaca)

Man übergießt 1 Esslöffel einer Mischung aus 3 Teilen Damiana-Blättern, 2 Teilen Pfefferminzblättern und 1 Teil Pomeranzen-blüten mit 1/4 Liter kochendem Wasser und lässt das Ganze 5 Minuten ziehen. Getrunken werden 3 bis 4 Tassen täglich. Noch wirksamer ist eine alkoholische Tinktur (siehe Seite 116) aus 2 Teilen Damiana-Blättern und 1 Teil Boldo-Blättern, von der man täglich 1 Schnapsgläschen voll trinkt.

Bei Schwächezustän-den ist auch der un-ter »Gallenblasenlei-den«, Seite 133f., beschriebene Boldo-Wein bewährt.

Mais (Zea mays)

Eine allgemein kräftigende Suppe kocht man mit Milch aus Maismehl, nicht entöltem Kakaopulver (aus dem Reformhaus), gemahlenen Haselnüssen oder Mandeln und braunem Zucker. Zur Geschmacksverbesserung kann man etwas Anis, Vanille, Zimt und Chili dazugeben.

Als allgemeines Kräf-tigungsmittel kocht man 2 Teelöffel Pfeil-wurzmehl in 1/4 Li-ter trockenem Weißwein oder her-bem Apfelsaft auf. Diese Menge trinkt man auf 3 Tagesdo-sen verteilt.

Mate (Ilex paraguariensis)

Bei Schwächezuständen aller Art bewährt sich grüner oder auch gerösteter Matetee, der 5 bis 10 Minuten lang gezogen hat. Je stärker der Aufguss, desto wirkungsvoller ist der Tee. Vorsichtig sollten aber Hypertoniker mit Mate umgehen: Der Tee kann den Blutdruck weiter anheben.

In Südamerika wird Matetee traditionell mit einem Silber-Trinkrohr aus einer Kalebasse getrunken. Das Gefäß wird dazu zu rund zwei Drittel mit Mateblättern gefüllt.

Impressum

© copyright 2007

G. Reichel Verlag

Reifenberg 85

91365 Weilersbach

Germany

fon: 0049 (0)9194 8900

fax: 0049 (0)9194 4262

email:

info@reichel-verlag.de

Internet:

www.reichel-verlag.de

ISBN 3-9263-8886-2

Über den Autor

Felix R. Paturi arbeitet seit drei Jahrzehnten als freier Wissenschaftspublizist. Er verfügt über Ausbildungen als Diplomingenieur, Psychologe und Heilpraktiker und lehrt seit vielen Jahren Schamanismus im Rahmen des von ihm gegründeten Schamanenforums. Seine zahlreichen Reisen führten ihn u. a. zu den Stammesvölkern der Tarahumara, Lakandonen, Tuareg und anderen Berber-Ethnien, Haussa, Woluf, Turkana, Massai, Ovahimba, Kaschkai, Toda und Maori.

Hinweis

Das vorliegende Buch ist sorgfältig erarbeitet worden. Dennoch erfolgen alle Angaben ohne Gewähr. Weder Autor noch Verlag können für eventuelle Nachteile oder Schäden, die aus den im Buch gemachten praktischen Hinweisen resultieren, eine Haftung übernehmen.

Literatur

Iding, Doris: Praxisbuch Indianische Medizin. W. Ludwig Buchverlag. München 1999

Kaiser, Rudolf: Indianische Heilkunst. Herder Verlag. Freiburg 1996

Paturi, Felix R.: Heilbuch der Schamanen. G. Reichel Verlag. Weilersbach 2005

Rätsch, Christian: Indianische Heilkräuter. Ein Pflanzenlexikon. Diederichs Verlag. München 1987

Wolters, Bruno: Agave bis Zaubernuss. Heilpflanzen der Indianer Nord- und Mittelamerikas. Urs Freund Verlag. Greifenberg 1996

Wolters, Bruno: Drogen, Pfeilgift und Indianermedizin. Arzneipflanzen aus Südamerika. Urs Freund Verlag. Greifenberg 1994

Bildnachweis

Bildarchiv Paturi, Rodenbach: Titelfotos, 62, 68, 82, 139, 156, 160; First People / J.D. Challenger: 37, 52; Kulturmacak: 77; Kunstart: 41; National Plant Data Center, U.S.A.: 114, 145; Pixelquelle: Einklinker im Inhaltsverzeichnis, 13, 18, 25, 49, 91, 98, 105, 109, 119, 126, 135, 152; Tomasino Marcella: 148; UNIMED, Nunningen, CH: 59; www.apreis.org, Vera Chiodi, Léo Dayan: 163

Register